VOM GLÜCK GEMEINSAM ZU ESSEN

LEO & KARL WRENKH

LEO & KARL WRENKH

VOM GLÜCK GEMEINSAM ZU ESSEN

Aufgetischt für jeden Ernährungsstil

Brandstätter

ALLE AN EINEM TISCH

Was gibt es Schöneres, als gemeinsam mit lieben Menschen um einen Tisch zu sitzen und in entspannter Atmosphäre köstliche Speisen zu genießen! Für viele Menschen ist gemeinsames Essen ein Höhepunkt des geselligen Miteinanders, und auch für uns spielt dieses Gemeinschaftserlebnis im privaten wie im beruflichen Leben eine bedeutende Rolle. Gemeinsam zu essen, lässt Menschen einander näher kommen. Sei es, dass sich Freunde nach längerer Zeit treffen, um zu erzählen, was sich seit der letzten Begegnung alles ereignet hat. Sei es, dass in entspannter Stimmung lautes Gelächter die Teller tanzen lässt; oder dass endlich die richtigen, befreienden Worte für etwas gefunden werden, das alle schon lange beschäftigt hat.

Unser Ziel ist, Menschen dabei zu unterstützen, dass gemeinschaftliches Essen zu einem Erfolg für alle wird. Denn nicht immer löst Essen in größerer Runde die Erwartungen ein, die auf diesen einen speziellen Abend, dieses lang erwartete Wiedersehen gesetzt wurden.

Es gibt ein paar einfache Grundregeln, die helfen, eine Einladung zum Erfolg werden zu lassen. Allen voran: Das Essen, das auf den Tisch kommt, muss sich nach den Bedürfnissen der Menschen richten – nicht umgekehrt. Anders gesagt: Es geht nicht nur darum, wohlschmeckende Speisen zuzubereiten. Mindestens ebenso wichtig ist, wie gekocht und wie serviert wird. Werfen wir einen Blick in die kulinarische Geschichte, um zu verdeutlichen, was wir damit meinen: Der Franzose Auguste Escoffier (1846–1935) war nicht nur ein begnadeter Koch, sondern vor allem ein Erneuerer. Er revolutionierte die gastronomische Welt so nachhaltig, dass die Folgen seiner Arbeit bis heute rund um den Globus auf Speisenkarten nachzulesen sind. Suppe – Vorspeise – Hauptgang – Dessert: Diese Abfolge geht auf Escoffier zurück.

Entwickelt hat er die uns vertraute Menüfolge vor allem, weil er die oft chaotische Situation in den großen Küchen in den Griff bekommen und mehr Übersichtlichkeit ins Kochen bringen wollte. Für den Restaurantbetrieb war Escoffiers Entwicklung eine geniale Erfindung. Private Gastgeber hingegen stellt sie vor einige schwer lösbare Probleme: Wie kann man bei den Gästen sein – wo man eigentlich sein sollte – wenn man ständig in der Küche zu tun hat und zwischen Herd und Tisch hin- und herlaufen muss? Wie soll man entspannt am Tischgeschehen teilhaben, wenn der Gedanke an die demnächst in der Küche gleichzeitig auszuführenden Arbeitsschritte an den Nerven zerrt? Wie können die unterschiedlichen Bedürfnisse und Erfordernisse befriedigt werden, wenn Fleischesser, Fischesser, Vegetarier, Veganer und Allergiker gleichermaßen glücklich werden sollen?

GEMEINSAM GENIESSEN

Wir meinen, die Lösung ist denkbar einfach. Dafür haben wir ein uraltes kulinarisches System aufgegriffen und den Erfordernissen der modernen Zeit angepasst: Die Kapitel unseres Buches sind jeweils einem gedeckten Tisch gewidmet. Jeder Tisch wiederum hat ein kulinarisches Thema. Wer zum Beispiel zu einem Herbstessen einladen möchte, findet im Herbstkapitel eine Zusammenstellung verschiedener Gerichte mit Zutaten aus dem kulinarischen Schatz dieser Jahreszeit. Alle Kapitel funktionieren als eigene Einheiten. Wer will, kann Rezepte aus verschiedenen Kapiteln zusammenstellen oder aus dem eigenen Kochrepertoire ergänzen – entscheidend ist die Vielfalt des Angebots in der Tischmitte, bei der jeder etwas Gutes für sich findet.

Alle Einzelgerichte kommen gleichzeitig auf den Tisch. Ohne Unterschied. Kalte und warme Speisen, herzhafte und süße, Suppen und Kuchen, Braten und Salate, Gemüseaufläufe und marinierter Fisch – alles wird zeitgleich serviert. Alle Speisen haben den gleichen Rang, es gibt keine Reihenfolgen und keine Haupt- oder Nebengerichte. Der Gastgeber sitzt von Anfang an bei seinen Gästen. Jeder bedient sich nach Geschmack und persönlichen Vorlieben – für jeden ist etwas dabei. Für Esser mit Lebensmittelunverträglichkeiten sind Zubereitungen ohne Laktose oder Gluten gekennzeichnet, ebenso wie vegetarische und vegane Speisen.

Vieles, was auf den Tisch kommt, kann im Voraus vorbereitet werden. Einige Gerichte lassen sich unmittelbar vor dem Auftragen kurz noch einmal aufwärmen, andere werden frisch gekocht. Wer will, holt sich für die Vorbereitung Verstärkung aus der Familie oder dem Freundeskreis.

Gemeinsam an einem reich gedeckten Tisch entspannt genießen – darum geht es uns! Pro Saison leiten wir rund 400 Kochkurse. Dieses Buch spiegelt die Erfahrungen wider, die wir dabei gemacht haben. Als wir anfingen, über dieses Buch nachzudenken, wurde uns schnell klar, dass es ein *Gastgeberbuch* werden sollte. Eine Hilfestellung für alle, die gern Freunde und Familie zum Essen einladen. Wir wollten kein Kochbuch, das, wie oft üblich, die Illusion eines entspannten Beisammenseins vermittelt – in Wirklichkeit aber zwingt, sich in den zeitgleichen Rollen als Koch und Gastgeber aufzureiben. Deshalb haben wir unser Buch so konzipiert, dass diese Doppelrolle der Vergangenheit angehört.

Unsere Mission ist, dass Gastgeber und Gäste die Zeit miteinander genießen, dass der gemeinsame kulinarische Genuss zu unterhaltsamen Gesprächen anregt und das Essen zu einer glücklichen Erinnerung für alle wird: für Gastgeber und Gäste gleichermaßen.

In diesem Sinne: Viel Freude beim Ausprobieren und gemeinsam Genießen!

Leo & Karl Wrenkh, Wien

ZU DEN REZEPTEN

Unsere Portionen sind eher großzügig berechnet. Bei den meisten Rezepten finden Sie Mengenangaben für eine Person, die auf die jeweils benötigte Menge umgerechnet werden können. Als Basis dient die Annahme, dass jede Person drei bis vier verschiedene Speisen isst.

Beim Umrechnen bitte folgende Grundregeln beachten:

- Bei Sahne, Butter und Öl steigt die verwendete Zutatenmenge nach folgendem Schema (nicht direkt proportional):
  1 Person 100 % (Grundmenge)
  2 Personen 180 % (Grundmenge x 1,8)
  3 Personen 240 % (Grundmenge x 2,4)
  4 Personen 280 % (Grundmenge x 2,8)
  5 Personen 300 % (Grundmenge x 3)
  für jede weitere Person 20 % mehr (320 %, 340 % etc.)
- Bei kräftigen Gewürzen wie Lorbeer und Zimt reicht die für eine Person angegebene Menge auch für zwei, die eineinhalbfache für drei bis vier, die doppelte für fünf bis sechs.
- Cayennepfeffer und andere scharfe Gewürze immer abschmecken.

Vegane, vegetarische, laktosefreie und glutenfreie Rezepte sind gekennzeichnet. Der Hinweis „laktosefrei" findet sich nur bei Rezepten mit ausschließlich laktosefreien Zutaten. Werden Lebensmittel verwendet, die geringe Mengen Laktose enthalten (z.B. Butter), sind die Rezepte nicht als laktosefrei gekennzeichnet. Den Hinweis „glutenfrei" haben nur Rezepte, deren Zutaten unabhängig vom Hersteller glutenfrei sind. Werden Zutaten verwendet, die glutenhaltig oder glutenfrei sein können (z.B. Senf), ist das Rezept nicht als glutenfrei gekennzeichnet.

LEGENDE:

VEG *Vegetarisch* **VG** *Vegan* **LF** *Laktosefrei* **GF** *Glutenfrei*

UND SO GEHT'S

1. Zitronengras-Amarant-Creme zubereiten
2. Vollkornreis kochen
3. Huhn marinieren
4. Radieschen zubereiten
5. Spargel zubereiten
6. Bärlauch-Sauce für Risotto vorbereiten
7. Frittierfett vorheizen
8. Reis abgießen und zur Seite stellen
9. Huhn panieren
10. Huhn frittieren
11. Risotto fertigstellen

TISCH 01

FRÜHLING

GLASIERTE HONIGRADIESCHEN

SOJA-SESAM-SPARGEL

BRENNNESSEL-BÄRLAUCH-RISOTTO MIT VOLLKORNREIS

KRÄUTERBACKHUHN

◆ ZITRONENGRAS-AMARANT-CREME MIT BASILIKUM ◆

DESSERTTIPP

FRÜHLING

Wenn wir an den Frühling denken, wollen wir immer hinaus in den Garten unserer Familie. Er liegt vor den Toren Wiens und ist ein Stück Heimat für uns. Als Kinder haben wir hier Radieschen beim Wachsen beobachtet und schließlich viel zu klein aus dem Boden gezogen, weil wir es nicht mehr erwarten konnten, sie ernten zu dürfen.

Heute haben wir leider viel zu wenig Zeit, um so oft dort zu sein, wie wir gern wären. Aber unser Garten ist immer präsent. Er schenkt uns Erdbeeren, Brennnesseln und Löwenzahn – wunderbare Zutaten, die in unserer Küche eine große Rolle spielen. Wir nehmen diese Lebensmittel immer ihrem natürlichen Rhythmus entsprechend in den Speiseplan auf. Spargel im Spätsommer oder Erdbeeren zu Weihnachten kommen für uns nicht in Frage!

Essen und Lebensmittel spielten in unserer Kindheit eine große Rolle. Unsere Eltern haben uns viel Wissen und Werte dazu mitgegeben – einen wahren Schatz, den wir weitergeben wollen. In kulinarischer Hinsicht waren unsere Eltern auf vielerlei Art Pioniere. So waren sie einst mit die Ersten, die den damals in Vergessenheit geratenen Bärlauch wiederentdeckten. Im Frühling fuhren wir an den Wochenenden gemeinsam in den Wald, um Bärlauch zu sammeln.

Wenn wir heute sehen, wie viele Menschen mittlerweile Freude daran finden, miteinander Gemüse zu pflanzen oder Bärlauch zu pflücken, dann sind wir guter Dinge: Lebensmittel, die die Natur uns schenkt, sind ein guter Boden für das Glück, gemeinsam zu essen.

5–10 min

GLASIERTE HONIGRADIESCHEN

Pro Person

150 g *Radieschen (ca.* **1 Bund***)*
Olivenöl zum Braten
Saft von **1** *Zitrone*
1 EL *Honig*
Salz

VEG **VG** *Vegane Variante Zucker statt Honig verwenden* **LF** **GF**

Zubereitung Radieschen putzen und waschen.

Je nach Größe in größere Stücke schneiden oder ganz lassen, scharf im Olivenöl anbraten. Ca. 2 Minuten braten, mit Zitronensaft ablöschen und mit Honig und Salz abschmecken.

Tipp Darüber gestreute Leinsaat passt sehr gut.

5–10 min

SOJA-SESAM-SPARGEL

Pro Person

8 *grüne Spargelstangen*
½ Knoblauchzehe
neutrales Pflanzenöl zum Braten
2 EL *Sojasauce*
1–2 EL *Sesam*

VG **LF** **GF** *Glutenfreie Variante glutenfreie Sojasauce verwenden*

Zubereitung Spargel je nach Holzigkeit schälen oder nur waschen, Enden entfernen. Spargel nach Wunsch längs halbieren oder ganz belassen. Knoblauch feinblättrig hacken.

Öl in einer Pfanne erhitzen, Spargel bei mittlerer Hitze im Öl anbraten. Sobald der Spargel bissfest ist (dauert ca. 1–2 Minuten), Temperatur reduzieren. Knoblauch hinzufügen und mit Sojasauce ablöschen.

Anrichten und mit Sesam bestreuen.

BRENNNESSEL-BÄRLAUCH-RISOTTO MIT VOLLKORNREIS

30 min

Pro Person

80 g *Vollkornreis*
100 g *Brennnesseln*
100 g *Bärlauch*
60 ml *Sahne*
200 ml *Wasser oder Gemüse-Fond*
100 ml *Weißwein*
60 g *frisch geriebener Parmesan*
Salz
Bärlauch zum Garnieren
Parmesan zum Garnieren

VEG **GF**

Zubereitung Vollkornreis bissfest kochen und abseihen.

Währenddessen Brennnesseln und Bärlauch putzen und waschen. Brennnesseln in kochendem Wasser ca. 20 Sekunden blanchieren, eiskalt abschrecken und grob hacken.

Bärlauch grob hacken und mit Brennnesseln, Sahne und Wasser oder Gemüse-Fond pürieren.

Sobald der Reis fertig ist, Weißwein in einem Topf zum Kochen bringen. Brennnessel-Sauce und Reis hineingeben. Parmesan hinzufügen, auf die gewünschte Konsistenz einkochen, bei Bedarf mit Salz abschmecken.

Mit fein geschnittenem Bärlauch und frisch geriebenem Parmesan garnieren.

Tipp Schmeckt auch mit Gerste sehr gut.

KRÄUTERBACKHUHN

⋙→ *45 min*

Für 4 Personen

1 *Huhn*
1 Bund *gemischte Kräuter oder Petersilie*
Salz
Pfeffer
Saft von **1** *Zitrone*
Öl zum Frittieren
Semmelbrösel zum Panieren
5 *Eier*
Mehl zum Panieren

LF

Zubereitung Huhn zerlegen. Kräuter fein hacken. Hühnerteile in einer Schüssel mit Kräutern, Salz, Pfeffer und Zitronensaft würzen.

Frittieröl in einem Topf oder einer Pfanne bei mittlerer Hitze erwärmen. Als Test eine Prise Brösel einstreuen: Wenn das Öl aufschäumt, ist es heiß genug.

Eier in einen Suppenteller aufschlagen. Marinierte Hühnerteile mit den anhaftenden Kräutern zunächst in Mehl, dann in Ei und Bröseln panieren und goldbraun frittieren (Leber 3 Minuten, Flügel 5 Minuten, ganze Keule 10–15 Minuten).

Tipps Für „Panier-Laberl" von *Oma Wrenkh* Kräuter- und Ei-Reste mischen und Semmelbrösel einrühren, bis eine homogene Masse entsteht. Zu Laibchen formen und ebenfalls goldbraun frittieren.

Man kann auch mit nativen Ölen frittieren, z.B. Olivenöl, muss dann aber unter dem Rauchpunkt von ca. 170–200 °C bleiben.

Wer kräftigen Zitrus-Kräuter-Geschmack möchte, lässt das Fleisch vorab 2–3 Stunden in Kräutern und Zitronensaft marinieren.

Desserttipp
20 min

◆ ZITRONENGRAS-AMARANT-CREME MIT BASILIKUM ◆

Pro Person

5 *Basilikum-Stängel*
3 *Stangen Zitronengras*
1–3 EL *Zucker*
(je nach Geschmack)
5 EL *Amarant-Popcorn*
200 ml *veganer Joghurt*

VG **LF** **GF**

Zubereitung Basilikumblätter abzupfen. Zitronengras fein hacken und mit Zucker und 100 ml Wasser auf kleiner Flamme ca. 10 Minuten auskochen. Zitronengras durch ein feines Sieb abseihen, Kochsud auskühlen lassen und mit Joghurt und dem Großteil der Basilikumblätter pürieren.

Amarant-Popcorn in Gläser oder Schalen einfüllen, Creme darüber verteilen. Restliches Basilikum hacken und über die Creme streuen.

Tipps Schmeckt auch mit Joghurt aus Kuhmilch sehr gut.

Alternativ mit frisch gekochtem Amarant zubereiten.

UND SO GEHT'S

1. Dessert zubereiten
2. Huhn marinieren
3. Bulgur kochen
4. Bulgur-Marinade und Granatapfelkerne vorbereiten, Taboulé fertigstellen
5. Fischfüllung vorbereiten
6. Gemüse grillen
7. Fisch grillen
8. Huhn grillen

TISCH 02

SOMMER

HÜHNERSATÉ VOM GRILL

GEGRILLTER SAIBLING

TABOULÉ

MEDITERRANES GRILLGEMÜSE

◆ MINZJOGHURT MIT WASSERMELONE ◆

DESSERTTIPP

SOMMER

Der Sommer macht schwärmerisch und lädt an langen lauen Abenden zum Träumen ein. Wie gern würden wir wie in der Kindheit wieder von morgens bis abends angeln gehen und wie damals im Zelt übernachten! Vielleicht würde uns eine Forelle oder gar ein Saibling an den Haken gehen.

Dass Saiblinge heute in Österreich so populär und fast überall zu bekommen sind, verdanken wir Kaiser Friedrich III., der im 15. Jahrhundert mit dazu beigetragen hat, diesen köstlichen lachsartigen Fisch in stehenden Gewässern heimisch zu machen.

Die passende Zubereitungsart für Sommer-Saiblingsgenuss ist eindeutig grillen. Grillen und Sommer, das gehört für uns überhaupt ganz eng zusammen. Grillen heißt für uns: den Sommer leben. Am besten zusammen mit der ganzen Familie oder mit Freunden. Alle versammeln sich rund um den Grill und erleben die Freude, Speisen gemeinsam zuzubereiten. Das schafft eine wunderbare Verbundenheit.

Neben Grillen war im Sommer für uns das Pilzesuchen immer ein Fixpunkt.

Als Kinder sind wir, ausgerüstet mit kleinen Pilzmessern, in die heimischen Wälder ausgeschwärmt, um die mitgenommenen Tüten vollzufüllen.

ca. 30 min

HÜHNERSATÉ VOM GRILL

Pro Person

150–200 g *Hühnerfilet*

Für die Erdnusssauce
1 *Frühlingszwiebel*
1 cm *frischer Ingwer*
1 *Knoblauchzehe*
1 EL *neutrales Pflanzen- oder Erdnussöl*
80 g *Erdnüsse*
100 ml *Kokosmilch*
2 EL *Sojasauce*
Saft von ½ Limette
1 MS *Kurkuma*
Chili nach Wunsch

LF **GF** *Glutenfreie Variante glutenfreie Sojasauce verwenden*

Zubereitung Frühlingszwiebel und Knoblauch grob hacken und mit allen Zutaten für die Sauce glatt pürieren.

Hühnerfleisch in 2–4 cm lange dünne Stücke schneiden und auf Holzspieße stecken. Gut in der Marinade wälzen.

Über sanfter Glut durchgaren.

Tipps Lässt sich auch gut in der Pfanne zubereiten: Hühnerfleisch unmariniert braten, Temperatur reduzieren und mit der Erdnusssauce aufgießen.

Wer eine glattere Sauce möchte, kann Erdnussbutter statt Erdnüssen verwenden.

ca. 25 min

GEGRILLTER SAIBLING

Pro Person

1 *küchenfertiger Fisch im Ganzen (ca.* **200 g***)*
3 *Knoblauchzehen*
3 *Stängel Petersilie*
3 *Stängel Basilikum*
etwas Olivenöl
Salz
Pfeffer
Saft von ½ Zitrone

LF **GF**

Zubereitung Fisch gut mit Küchenpapier abtrocknen.

Knoblauch und Kräuter hacken und mit etwas Olivenöl, Salz und Pfeffer sowie Zitronensaft vermischen und in den Bauch des Fisches füllen.

Fisch in ein Grillgitter legen (alternativ Grillfolie oder eine Grilltasse benutzen) und unter wiederholtem Wenden ca. 20 Minuten über sanfter Glut grillen. Mit Salz würzen.

Tipp Auf diese Weise können auch viele andere Fische gegrillt werden, z.B. Forellen.

ca. 20 min

TABOULÉ

Pro Person

80 g *Bulgur*
3–5 *Stängel Petersilie*
1 *kleiner Granatapfel**
etwas Olivenöl
Saft von ½ Zitrone
1 *kleine Knoblauchzehe*
Salz

**Die Granatapfelkerne reichen auch für mehrere Personen.*

VG **LF**

Zubereitung

Bulgur in einem Topf mit Wasser in ca. 10 Minuten bissfest kochen. Abseihen, kalt abschrecken und abtropfen lassen. Petersilie grob hacken, Granatapfel auslösen.

Bulgur mit Olivenöl und Zitronensaft marinieren. Knoblauch reiben und hinzufügen. Mit Petersilie und Granatapfelkernen vermischen und mit Salz abschmecken.

ca. 30 min

MEDITERRANES GRILLGEMÜSE

Pro Person

ca. **200 g** *gemischtes Gemüse, z.B. Hokkaido-Kürbis, Knoblauch, Zucchini, Auberginen*
Salz
Pfeffer
Olivenöl zum Beträufeln

VG **LF** **GF**

Zubereitung Kürbis putzen, entkernen und in 2 cm dicke Halbmonde schneiden, leicht mit Salz und Pfeffer würzen. Unter wiederholtem Wenden über mittlerer Glut ca. 10 Minuten bissfest grillen.

Knoblauchknollen waschen, quer halbieren. Unter wiederholtem Wenden auf mittlerer Glut ca. 20 Minuten grillen.

Zucchini längsseitig in 1 cm dicke Streifen schneiden und über mittlerer Glut 5–8 Minuten grillen.

Für Auberginen gibt es 2 Zubereitungsvarianten: Ganze Aubergine mit einer Gabel einstechen, leicht salzen und pfeffern, in die Glut legen, 20 Minuten garen, anschließend „auslöffeln". Oder längs in 1–2 cm dicke Streifen schneiden und unter wiederholtem Wenden über mittlerer Glut ca. 10 Minuten grillen.

Fertiges Grillgemüse mit Salz und Pfeffer abschmecken und vor dem Servieren mit Olivenöl beträufeln.

Desserttipp
10 min

◆ MINZJOGHURT MIT WASSERMELONE ◆

Pro Person

3 *Stängel Minze*
150 ml *Joghurt*
Zucker oder Honig nach Geschmack
150 g *Wassermelone ohne Schale*

VEG **VG** *Vegane Variante veganen Joghurt und Zucker statt Honig verwenden*
GF

Zubereitung Minze zupfen, grob hacken und mit Joghurt und Honig oder Zucker nach Geschmack pürieren.

Wassermelone in 2 x 2 cm große Würfel schneiden, bei Bedarf entkernen. Zum Joghurt servieren.

Tipps Der Joghurt schmeckt auch mit anderen Kräutern wie Basilikum, Oregano oder Thymian sehr gut.

Auch das Obst kann nach Wunsch variiert und durch andere frische Obstsorten ersetzt werden, z.B. Erdbeeren.

UND SO GEHT'S

1. Bowle zubereiten
2. Teig vorbereiten
3. Belag vorbereiten
4. Ofen vorheizen
5. Pissaladière belegen
6. Backen

TISCH 03

PISSALADIÈRE

GRUNDTEIG

PISSALADIÈRE MIT TOMATEN UND ANCHOVIS

PISSALADIÈRE MIT OLIVEN UND MOZZARELLA

PISSALADIÈRE MIT TOMATEN UND AUBERGINEN

SÜSSE PISSALADIÈRE

PISSALADIÈRE MIT ARTISCHOCKEN UND ROHSCHINKEN

◆ SCHNELLE CRÉMANT-BOWLE
MIT PFIRSICHEN UND NEKTARINEN ◆

DESSERTTIPP

PISSALADIÈRE

Wir sind mit Eltern aufgewachsen, denen privat wie auch im Beruf – beide sind gastronomisch tätig – bewusste und gute Ernährung sehr am Herzen liegt. Es war ihnen wichtig, uns früh mit der Vielfalt des kulinarischen Universums vertraut zu machen.

Einer der beliebten „Küchen-Klassiker" der 1990er Jahre hingegen kam bei uns nur selten auf den Tisch, und wenn, dann eher in der Vollkornvariante: Pizza lernten wir erst in späteren Jahren schätzen. Als es dann darum ging, für dieses Buch ein Kapitel mit Pizza zu gestalten, haben wir uns für eine in Frankreich sehr beliebte Pizza-Schwester entschieden, die Pissaladière.

Anders als Pizza wird Pissaladière nicht mit Tomatensauce bestrichen, sondern mit frisch gedünsteten, mit etwas Weißwein oder Wasser abgelöschten Zwiebeln und Oliven. Darauf kommen je nach Geschmack saftige Gemüse, Anchovis, Schinken, Käse und frische Kräuter. Wir lieben diese Variante zum italienischen Klassiker, weil sie die Aromen einfacher, hochwertiger Zutaten ganz besonders gut zur Geltung bringt. Genusskultur auf Französisch eben!

GRUNDTEIG

ca. 50 min

Für 2 Pissaladières mit ca. 15 x 20 cm

10 g *Hefe*
150 ml *Wasser*
250 g *Mehl*
1 Prise *Salz*
Mehl zum Arbeiten

VG LF

Zubereitung Hefe mit lauwarmem Wasser vermischen, in das Mehl einarbeiten, gut durchkneten, leicht salzen und 30 Minuten abgedeckt an einem warmen Ort (Zimmertemperatur) gehen lassen.

Arbeitsfläche mit Mehl bestreuen. Teig ausrollen und auf mit Backpapier ausgelegte Bleche legen.

Ofen auf 180 °C vorheizen. Belag nach Wunsch auf dem Teig verteilen.

PISSALADIÈRE MIT TOMATEN UND ANCHOVIS

50 min

Für 1 Pissaladière mit ca. 15 x 20 cm

1 *kleine Zwiebel*
2 EL *Olivenöl*
Schuss Wasser oder Weißwein
Pissaladière-Teig (s. oben, halbe Menge)
1 *Knoblauchzehe*
1 *Tomate*
3–5 *schwarze Oliven*
Salz
Pfeffer
4–6 *Anchovis*

LF

Zubereitung Zwiebel hacken und bei niedriger Hitze in 1 EL Olivenöl anbraten. Mit Wasser oder Weißwein ablöschen und mind. 10 Minuten garen. In ein Sieb gießen, Flüssigkeit auffangen und unter den Teig kneten. Zwiebelmasse zur Seite stellen.

Ofen auf 180 °C vorheizen. Knoblauch feinblättrig hacken, Tomate in Scheiben schneiden, Oliven entkernen.

Zwiebelmasse mit Salz und Pfeffer abschmecken und auf den Teig im Blech auftragen. Teig mit dem restlichen Olivenöl beträufeln. Mit Tomaten, Anchovis, Knoblauch und Oliven belegen, salzen. Ca. 30 Minuten backen.

PISSALADIÈRE MIT OLIVEN UND MOZZARELLA

⋙→ *50 min*

Für 1 Pissaladière mit ca. 15 x 20 cm

1 *mittelgroße Zwiebel*
150 g *schwarze Oliven*
2 *Knoblauchzehen*
150 g *Mozzarella*
Olivenöl zum Braten
100 ml *Wasser oder Weißwein*
Pissaladière-Teig (s. links, halbe Menge)
3 *Rosmarinzweige*

✻ VEG

Zubereitung Zwiebel feinwürfelig hacken, Oliven entkernen und grob hacken, Knoblauch feinblättrig schneiden, Mozzarella in Scheiben schneiden.

Zwiebeln in Olivenöl anschwitzen und mit Wasser oder Wein aufgießen. 10 Minuten auf kleinster Flamme einkochen. Oliven hinzufügen und mit Salz abschmecken.

Ofen auf 180 °C vorheizen.

Oliven-Zwiebel-Mischung auf den Teig im Blech streichen, mit Mozzarella-Scheiben belegen. Rosmarinzweige in Olivenöl dippen oder damit beträufeln und im Ganzen auf die Pissaladière legen. 30 Minuten backen.

Tipp Für eine nicht ganz authentische, aber sehr leckere Variante Lardo (italienischen Rückenspeck) hauchdünn aufschneiden. Scheiben in fein gehacktem Thymian wälzen. Wenn die frisch gebackene Pissaladière aus dem Ofen kommt, sofort mit den Speckscheiben belegen.

PISSALADIÈRE MIT TOMATEN UND AUBERGINEN

50 min

Für 1 Pissaladière mit ca. 15 x 20 cm

1 *kleine Zucchini*
½ mittelgroße Zwiebel
1 *kleine Aubergine*
1 *große Fleischtomate oder*
2 *normale Tomaten*
1 *Knoblauchzehe*
Olivenöl zum Braten
Salz
Pfeffer
ca. **80 ml** *Wasser oder Weißwein*
Pissaladière-Teig (s. S. 44, halbe Menge)
3 *Basilikumzweige*

VEG **VG** *Vegane Variante veganen Wein oder Wasser verwenden* **LF**

Zubereitung Zucchini in Scheiben oder dicke Streifen schneiden. Zwiebel feinwürfelig hacken, Aubergine würfeln (ca. 1 x 1 cm), Tomaten entstrunken und in Scheiben schneiden (ca. 0,5–1 cm dick), Knoblauch schälen und feinblättrig hacken.

Aubergine in Olivenöl anschwitzen, Zwiebel und Knoblauch hinzufügen, mit Salz und Pfeffer würzen und mit Wasser oder Wein ablöschen. 10 Minuten auf kleinster Flamme einkochen, zur Seite stellen.

Tomatenscheiben und Zucchini mit Salz und Pfeffer würzen.

Ofen auf 180 °C vorheizen. Auberginen-Zwiebel-Mischung auf den Teig im Blech auftragen, mit Tomatenscheiben und Zucchini belegen. 30 Minuten backen. Basilikum zupfen oder grob hacken und auf die fertige Pissaladière streuen.

Tipp Wer die Zucchini bissfest möchte, kann sie extra in der Pfanne braten und auf die fertige Pissaladière legen oder nur die letzten 10 Minuten mitbacken.

⋙→ *45 min*

SÜSSE PISSALADIÈRE

Für 1 Pissaladière mit ca. 20 cm ø

60–80 g *geschälte Mandeln*
200 g *Quark*
80 g *Honig*
abgeriebene Schale von ½ Bio-Orange
Pissaladière-Teig (s. S. 44, halbe Menge)
1 *Apfel*
Thymian zum Bestreuen

✻ **VEG**

Zubereitung Mandeln 8 Minuten bei 180 °C im Ofen ohne Fett bräunen. Mit Quark, Honig sowie Orangenschale zu einer homogenen Masse verrühren.

Ofen auf 180 °C vorheizen. Teig im Blech 10 Minuten blindbacken. Mit der Quarkmasse bestreichen.

Apfel entkernen und achteln, in Spalten schneiden und auf die Masse legen. Mit Thymianzweigen belegen und weitere 20 Minuten bei 180 °C backen.

PISSALADIÈRE MIT ARTISCHOCKEN UND ROHSCHINKEN

50 min

Für 1 Pissaladière mit ca. 15 x 20 cm

1 *mittelgroße Zwiebel*
4 *Artischocken-Böden (oder eingelegte Baby-Artischocken)*
100 g *Rucola*
Olivenöl zum Braten
100 ml *Wasser oder Weißwein*
Salz
100–150 g *Grana*
Pissaladière-Teig (s. S. 44, halbe Menge)
150 g *Prosciutto*

Zubereitung Zwiebel feinwürfelig hacken, Artischocken grob schneiden, Rucola waschen.

Zwiebel in Olivenöl anschwitzen, mit Wasser oder Wein aufgießen und 10 Minuten auf kleinster Flamme einkochen. Artischocken hinzufügen und mit Salz abschmecken.

Ofen auf 180 °C vorheizen. Artischocken-Masse auf den Teig im Blech streichen, mit frisch geriebenem Grana bestreuen. 30 Minuten backen, fertige Pissaladière mit Prosciutto und Rucola belegen.

Tipp Wenn man frische Artischocken verwendet, die Blätter mit Salz und Olivenöl beträufeln und zum „Aussaugen“ auf den Tisch stellen.

Desserttipp
10 min
mind. 2 Stunden kühlen

◆ SCHNELLE CRÉMANT-BOWLE MIT PFIRSICHEN UND NEKTARINEN ◆

Für ca. 10 Gläser

250 g *Pfirsiche*
250 g *Nektarinen*
1 Bund *Minze*
0,75 l *Crémant*

VEG **VG** *Vegane Variante veganen Crémant verwenden* **LF** **GF**

Zubereitung Früchte halbieren und mit ganzen Minzzweigen in eine Schüssel oder einen Krug geben. Im Kühlschrank durchkühlen lassen, mit gekühltem Crémant aufgießen.

Tipps Wenn man die Bowle ohne Gabel oder Spieß trinken möchte, die Früchte fein schneiden.

Wer mehr Fruchtgeschmack möchte, kann die Früchte einige Stunden vor dem Trinken mit etwas leichtem Weißwein oder Rosé einlegen und erst beim Servieren mit Crémant begießen.

Wem die Bowle zu trocken ist, der kann sie mit zerlassenem Zucker oder Honig aufsüßen.

Die Bowle schmeckt auch mit Cava oder Prosecco sehr gut.

Statt Pfirsichen und Nektarinen eignen sich auch Renekloden.

UND SO GEHT'S

1. Bohnen am Vortag oder mind. 2 Stunden vor Kochbeginn einweichen
2. Huhn auslösen
3. Bohnensauce aufsetzen
4. Salat waschen, Gemüse schneiden
5. Obstsalat zubereiten
6. Süßkartoffelpommes schneiden
7. Reis aufstellen
8. Frittierfett erhitzen
9. Reis mit Bananen fertigstellen
10. Pommes frittieren
11. Wenn die Bohnensauce weich ist, Huhn in die Pfanne geben
12. Salat marinieren

TISCH 04

KUBA

LINSENREIS MIT BRATBANANEN

GEBRATENE HÜHNERKEULEN MIT BOHNEN

GURKEN-TOMATEN-SALAT

SÜSSKARTOFFELPOMMES

◆ KARIBISCHER OBSTSALAT ◆

DESSERTTIPP

KUBA

Kuba ist Karls große Liebe. Dort zu sein, ist für ihn wie ein Schritt in eine andere Epoche und eine andere Welt. Dieses Land im Umbruch zu erleben, fasziniert ihn immer wieder aufs Neue.

Das kubanische Nationalgericht sind schwarze Bohnen mit Reis, manchmal in Kombination mit Fisch, manchmal mit Fleisch und auch mit Gemüse. Es gibt auf Kuba eine Vielzahl an regionalen Kräutern und Gemüsesorten, doch ist dort nie eine unverwechselbare, eigenständige Küche entstanden, die man als *die* kubanische Küche bezeichnen könnte.

Im Osten der Insel ist die Stromversorgung noch unzuverlässiger als in den anderen Regionen. Viele Restaurants kochen auch deshalb gerne über Holzkohle. Gute Köche haben das so perfektioniert, dass sie sogar große Restaurants mühelos am offenen Feuer versorgen können. Einfache Häuser verwenden Treibholz oder Buschwerk. Auch das funktioniert.

Vielleicht sind die schlechten technischen und wirtschaftlichen Bedingungen mit ein Grund dafür, warum wir das beste kubanische Essen nicht auf der Insel selbst, sondern in Miami bekommen haben. Auf jeden Fall aber haben wir sehr viel Respekt davor, wie köstlich und kreativ die Menschen in Kuba unter für uns teilweise schwer vorstellbaren Bedingungen kochen.

35 min

LINSENREIS MIT BRATBANANEN

Pro Person

30 g *rote Linsen*
Butter zum Braten
70 g *Reis*
Salz
1 *Banane*
3 *Korianderzweige*

VEG **GF**

Zubereitung Linsen in Butter anschwitzen, Reis hinzufügen und mit 350 ml Wasser aufgießen. Aufkochen und auf kleiner Flamme gar ziehen lassen, bis der Reis angenehm bissfest ist. Mit Salz abschmecken.

Bananen schälen, längsseitig halbieren und beide Hälften beidseitig in Butter braten. Auf dem Reis anrichten.

Mit gezupftem oder gehacktem Koriander bestreuen.

Tipps Auch Petersilie statt Koriander passt sehr gut.

Auf Kuba wird das Rezept traditionell mit Kochbananen (auch Gemüsebanane, Mehlbanane oder nach ihrem portugiesischen Namen Plátanos genannt) zubereitet. Kochbananen werden in den letzten Jahren auch bei uns etwas häufiger angeboten, vor allem in Asia-Läden. Um sie wie hier beschrieben braten zu können, müssen sie vollreif sein (an der fast schwarzen Schale erkennbar).

GEBRATENE HÜHNERKEULEN MIT BOHNEN

1–1,5 Stunden

Pro Portion

LF GF

Für die Bohnensauce
150 g *schwarze Bohnen*
½ Zwiebel
Öl zum Braten
700 ml *Wasser oder Gemüsesuppe*
Salz

Für die Hühnerkeulen
ca. **350 g** *Hühnerkeulen (es werden* **250 g** *Fleisch ohne Knochen benötigt)*
Öl zum Braten
Salz
Pfeffer
gehackter Koriander zum Bestreuen
klein geschnittene Frühlingszwiebeln zum Bestreuen

Zubereitung Bohnen am Vortag oder mind. 2 Stunden vor der Verarbeitung einweichen.

Zwiebel schälen und hacken. Im Öl anbraten, mit Wasser oder Suppe aufgießen. Bohnen abgießen, abspülen und in die Flüssigkeit geben. Aufkochen und auf kleiner Flamme zu einer sämigen Sauce einkochen, bis die gewünschte Konsistenz erreicht ist. Mit Salz abschmecken.

Währenddessen Fleisch waschen, trocken tupfen und in 3 x 3 cm große Stücke schneiden.

Öl in einer Pfanne erhitzen, Fleisch einlegen und ca. 2–3 Minuten auf jeder Seite bräunen lassen. Mit Salz und Pfeffer würzen. Mit den Bohnen servieren, mit frisch gehacktem Koriander und Frühlingszwiebel bestreuen.

Tipps Die Bohnen können je nach Geschmack mit Gewürzen wie Paprika, Kurkuma, Koriander, Vanille und Chili verfeinert werden, einfach vor dem Aufgießen auf die angebratenen Zwiebeln geben.

Wenn gewünscht, kann man die Bohnen zu einer glatten Sauce pürieren.

15 min

GURKEN-TOMATEN-SALAT

Für 2 Personen

1 *große Fleischtomate*
½ Gurke
Blattsalat nach Wahl
1 *kleine Zwiebel*
Saft von **1** *Zitrone*
80 ml *Olivenöl*
Salz
Pfeffer

VG LF GF

Zubereitung Tomate grob würfeln, Gurke längsseitig halbieren, entkernen und in halbmondförmige Scheiben schneiden.

Salat waschen und zerkleinern, Zwiebel schälen, halbieren und in dünne Streifen schneiden.

Zwiebel, Tomate und Gurke mit Zitronensaft und Olivenöl vermischen und mit Salz abschmecken. Salat unterheben, servieren.

15–20 min

SÜSSKARTOFFELPOMMES

Pro Person

1 *Süßkartoffel*
Öl zum Frittieren
Salz
Pfeffer

VG LF GF

Zubereitung Süßkartoffel gut waschen. Unbehandelte Bio-Ware mit Schale verarbeiten, konventionelle schälen. Längsseitig in 3 cm breite Scheiben und anschließend in ca. 2 cm breite Streifen schneiden.

Öl auf mittlerer Flamme erhitzen. Süßkartoffel trocken tupfen, ins heiße Öl einlegen. Unter wiederholtem Rühren goldbraun frittieren. Mit einer Schaumkelle herausnehmen, gut abtropfen lassen, würzen.

Tipp Pommes aus normalen Kartoffeln lassen sich auf dieselbe Weise zubereiten.

Desserttipp
10 min

◆ KARIBISCHER OBSTSALAT ◆

Pro Portion

ca. **200 g** *gemischtes Obst (z.B. Ananas, Papaya, Kiwi, Äpfel, Erdbeeren, kernlose Trauben)*
Honig oder Zucker nach Geschmack
ca. **50 ml** *Fruchtsaft (z.B. Blutorangen- oder Apfelsaft)*

VEG **VG** *Vegane Variante Zucker statt Honig verwenden* **LF** **GF**

Zubereitung Ananas, Papaya und Kiwis schälen und grob würfeln. Äpfel von Kerngehäuse und Stiel befreien, in kleine Spalten schneiden. Trauben halbieren.

Je nach Geschmack und Süße der Früchte Zucker oder Honig mit dem Fruchtsaft vermengen. Fruchtsaft über die vorbereiteten Früchte gießen.

Gut durchmischen und servieren.

Tipp Das Obst lässt sich je nach Geschmack und Saison variieren, sehr gut passen beispielsweise Bananen.

UND SO GEHT'S

1. Kuchen am Vortag backen
2. Bohnen am Vortag oder mind. 2 Stunden vor Kochbeginn einweichen
3. Roastbeef in den Ofen schieben
4. Bohnen kochen
5. Kartoffeln kochen
6. Aufstriche zubereiten
7. Spinat vorbereiten
8. Strudel fertigstellen (kann mit dem Roastbeef gebacken werden)
9. Salat zubereiten

TISCH 05

PICKNICK

AUFSTRICH-TRILOGIE

FENCHEL-GRAPEFRUIT-SALAT

ROASTBEEF

KARTOFFEL-SPINAT-STRUDEL

◆ APRIKOSEN-KUCHEN ◆

DESSERTTIPP

PICKNICK

Picknick war für uns während der Kindheit fast ein Fremdwort. Unsere Eltern fanden diese Art von gemeinsamer Mahlzeit wohl unkomfortabel und haben nie mit uns zusammen gepicknickt. Erst später, als Karl seine Freundin kennenlernte, füllte sich für uns der Begriff Picknick mit Leben. Sie liebte es, sich mit einem Korb voller Leckereien und einer Sitzdecke einen schönen Platz im Grünen zu suchen. Wir waren skeptisch: Wo sollte der besondere Reiz darin liegen, dass man unbequem auf dem Boden sitzt, ständig Insekten abwehren und aufpassen muss, dass die Getränke nicht umkippen?

Aus Neugier sind wir ein erstes Mal mitgegangen. Bei einem Mal ist es nicht geblieben, denn die angenehmen Seiten des Essens in freier Natur haben uns ebenso überrascht wie überzeugt.

Plötzlich stellten wir fest, dass gerade jene Begleiterscheinungen gemeinsamer häuslicher Mahlzeiten, die ganz schön nerven können, beim Picknick keine Rolle spielen. Beim Picknick muss niemand in der Küche arbeiten. Was nicht mitgenommen wurde, ist einfach nicht da. Kein Suchen, kein Jammern – man genießt, was da ist. Kinder können ihrem Bewegungsdrang freien Lauf lassen.

Darüber hinaus finden Picknicks auf neutralem Boden statt, auf dem es viel leichter fällt, Hierarchien zu durchbrechen. Die zu Hause übliche Gastgeberrolle erübrigt sich, alle begegnen sich im wahrsten Sinne des Wortes auf Augenhöhe.

30 min

AUFSTRICH-TRILOGIE

Für 4 Personen

Für die Grundmasse
300 g *gekochte, geschälte Kartoffeln*
300 g *gekochte weiße Bohnen (ca.* **80–100 g** *Rohgewicht)*

Für Kernöl-Meerrettich-Aufstrich
200 g *Grundmasse*
40 ml *Kürbiskernöl*
1 EL *frisch geriebener Meerrettich (je nach Schärfe auch mehr)*
Salz

Für Rote-Beete-Dijon-Mousse
1 EL *Senfsaat*
100 ml *Rote-Beete-Saft*
oder **1** *kleine gekochte Rote Beete*
Salz
30 ml *Olivenöl*
200 g *Grundmasse*
1 EL *Dijonsenf*

Für veganes Trüffelschmalz
50 ml *Trüffelöl*
200 g *Grundmasse*
Salz

Kernöl-Meerrettich-Aufstrich: **VG** **LF** **GF**
Rote-Beete-Dijon-Mousse: **VG** **LF**
Veganes Trüffelschmalz: **VG** **LF** **GF**

Zubereitung Gekochte, geschälte Kartoffeln durch eine Kartoffelpresse drücken. Bohnen gut abspülen und pürieren. Beides gut vermischen.

Für Kernöl-Meerrettich-Aufstrich alle Zutaten gut vermischen, mit Salz abschmecken.

Für Rote-Beete-Dijon-Mousse entweder Senfsaat im Rote-Beete-Saft aufkochen und mit Salz und Öl mit der Grundmasse und dem Senf vermischen oder gekochte Beete grob raffeln, Senfsaat mit etwas Wasser aufkochen und alle Zutaten gut vermischen.

Für das vegane Trüffelschmalz Öl mit der Grundmasse vermischen, gut mit Salz abschmecken.

Tipps Wenn man die Aufstriche am Vortag macht, sollte man sie vor dem Picknick nochmals mit Salz abschmecken.

Das Rote-Beete-Dijon-Mousse passt besonders gut zu Roastbeef, Kochschinken und gegrillten Zucchini.

Anrichtetipp für Kernöl-Meerrettich-Aufstrich: geröstete Kürbiskerne und Räucherforellen-Filet.

Anrichtetipp für das vegane Trüffelschmalz: geröstete, grob gehackte Macadamia-Nüsse und Zitronenscheiben.

10 min

FENCHEL-GRAPEFRUIT-SALAT

Pro Person

1 *Fenchel mit etwas Grün*
1 *Grapefruit*
3 EL *Olivenöl*
Saft von ½ kleinen Zitrone
Salz

VG LF GF

Zubereitung Fenchel putzen, längsseitig halbieren und in feine Scheibchen schneiden. Fenchelgrün hacken.

Grapefruit schälen, mit der Hand die Filets von der weißen Haut im Inneren trennen. In mundgerechte Stücke schneiden.

Alle Zutaten vermischen, Salat mit Salz abschmecken.

70 min

ROASTBEEF

Für 8 Personen
(pro Person ca. **250 g***)*

1 *Roastbeef (***2 kg***)*
Salz
Pfeffer
Öl zum Braten

LF GF

Zubereitung Ofen auf 210 °C vorheizen. Roastbeef mit Salz und Pfeffer würzen und auf allen Seiten in sehr heißem Öl in der Pfanne bräunen (versiegeln).

Aus der Pfanne nehmen, auf einem Backblech mit der fetten Seite nach unten 10 Minuten im vorgeheizten Ofen garen. Temperatur auf 130 °C reduzieren, Roastbeef weitere 20 Minuten backen. Wenden und mit der fetten Seite nach oben weitere 30 Minuten backen („englisch").

Tipps Sehr dünn aufgeschnitten schmeckt Roastbeef am besten.

Wer sein Roastbeef nicht „englisch", sondern eher „well done" möchte, sollte es auf jeder Seite weitere 20 Minuten weitergaren, muss aber davon ausgehen, dass es wesentlich weniger zart wird.

KARTOFFEL-SPINAT-STRUDEL

30–40 min

Für 4 Personen

250 g *Kartoffeln*
Salz
50 g *geröstete Sonnenblumenkerne*
250 g *Blattspinat*
1 Pkg. *Blätterteig (ca. 40 cm lang) oder Strudelteig* *(s. S. 183)*
3 *Knoblauchzehen*
etwas Olivenöl

VEG **VG** *Vegan bei Verwendung von veganem Teig*
LF *Laktosefrei bei Verwendung von laktosefreiem Teig*

Zubereitung Kartoffeln schälen, in Salzwasser kochen und grob schneiden (ca. 1 x 1 cm).

Sonnenblumenkerne 8 Minuten bei 170 °C im vorgeheizten Ofen rösten.

Blattspinat blanchieren, kalt abschrecken und mit leichtem Druck auspressen (sonst wird die Füllung zu feucht und der Teig reißt). Grob hacken und mit Kartoffeln und Sonnenblumenkernen vermischen.

Knoblauch reiben und unter die Füllung rühren. Mit Salz abschmecken.

Ofen auf 180 °C vorheizen. Teig ausbreiten und die Füllung im unteren Drittel mit je 3–4 cm Abstand zu den Seitenrändern gleichmäßig verteilen.

Von den Seiten her zuschlagen und von unten aufrollen. Mit Olivenöl bestreichen und auf einem mit Backpapier ausgelegten Blech im vorgeheizten Ofen ca. 20 Minuten goldbraun backen (sollte der Strudel noch nicht goldbraun sein, weitere 5 Minuten backen).

Desserttipp
40 min

◆ APRIKOSEN-KUCHEN ◆

Für 1 runde Form (24 cm ø)

250 g *Aprikosen*
Fett für die Form
Mehl für die Form
4 *Eier*
90 g *Zucker*
100 g *Mehl*
1 TL *Backpulver*
Puderzucker nach Wunsch

VEG **LF**

Zubereitung Aprikosen entkernen und halbieren. Backform einfetten und mit Mehl ausstreuen.

Eier und Zucker vermischen und zu einer cremigen Masse schlagen.
Mehl und Backpulver unterheben.

Teig in die Backform gießen, Aprikosenhälften darauf verteilen und im vorgeheizten Ofen bei 180 °C ca. 25 Minuten backen. Nach Wunsch mit Puderzucker bestreuen.

Tipps Sollten die Aprikosen sehr sauer sein, mit etwas extra Zucker „aufsüßen".

Für eine besonders flaumige Variante des Kuchens Eier trennen. Eigelb mit Zucker vermischen, zu einer cremigen Masse schlagen. Mehl und Backpulver einarbeiten. Eiweiß sehr fest schlagen und vorsichtig unterheben. Kuchen wie oben beschrieben backen.

UND SO GEHT'S

1. Eis am Vortag zubereiten
2. Wenn gewünscht, Kichererbsen am Vortag oder mind. 2 Stunden vor Kochbeginn einweichen
3. Wenn gewünscht, Bohnen am Vortag oder mind. 2 Stunden vor Kochbeginn einweichen
4. Wenn gewünscht, Kichererbsen und Bohnen kochen
5. Hummus zubereiten
6. Falafel zubereiten
7. Baba Ghanoush zubereiten
8. Ful-Püree zubereiten
9. Hackfleisch-Spieße marinieren und braten

TISCH 06

ISRAEL

BABA GHANOUSH

FUL-PÜREE

FALAFEL

HUMMUS

HACKFLEISCH-SPIESSE

◆ DATTEL-JOGHURT-EIS ◆

DESSERTTIPP

ISRAEL

Allein die kulinarische Vielfalt ist eine Reise nach Israel wert. Israel ist ein junges Land mit zahllosen kulinarischen Einflüssen. Seine Küche ist von vielen Ländern beeinflusst: Österreich, Osteuropa, der Balkan, die arabischen Länder und die Türkei, Spanien und Portugal haben wesentliche Impulse geliefert.

Die Kultur Israels und damit auch seine Küche wurde von Juden geprägt, die aus allen Teilen der Welt dorthin kamen. Was sie mitbrachten, verschmolz miteinander und mit den arabischen Einflüssen der Region. Heraus kam eine Weltküche, die ihresgleichen sucht. Jedes Gericht ist auf seine Art typisch. Wie international das duftet, wenn man die beliebtesten Gerichte dieses Landes auf einen Tisch stellt! In diesem Buch bringen wir eine kleine, feine Auswahl davon.

Als wir nach den Aufnahmen für dieses Kapitel aus dem Fotostudio kamen und im Taxi saßen, wurde der Fahrer plötzlich lebhaft. Er stammte aus Ägypten, wie sich herausstellte. Was ist das für ein wundervoller Duft, wollte er wissen. Ihm war etwas in die Nase gestiegen. Das mussten die übrig gebliebenen frisch gebackenen Falafel sein, die wir von unserem Foto-Shooting mit nach Hause bringen wollten. Der Taxifahrer war so begeistert von dem Aroma, dass er die Falafel unbedingt haben wollte und uns dafür einen Nachlass beim Fahrpreis gewährte.

45 min

BABA GHANOUSH

Pro Person

1 *mittelgroße Aubergine*
Salz
1 *Knoblauchzehe*
80 ml *Olivenöl*
Pfeffer

VG **LF** **GF**

Zubereitung Aubergine waschen und mit einer Gabel mehrfach einstechen. Leicht mit Salz einreiben und bei 190 °C gut 20–30 Minuten im vorgeheizten Ofen backen.

Grob zerteilen. Ausgekühlt mit dem gepressten Knoblauch und Öl vermischen, mit Schale glatt pürieren und mit Salz und Pfeffer abschmecken.

Tipp Zum Anrichten mit Sesam bestreuen, mit Olivenöl beträufeln.

5 min

FUL-PÜREE

Pro Person

3 *Petersilienstängel*
100 g *gekochte Favabohnen*
1 *EL Tahin*
½ Knoblauchzehe
1 TL *Kreuzkümmel*
30 ml *Olivenöl*
Saft von ½ Zitrone
Salz
Pfeffer
Schwarzkümmel zum Bestreuen

VG **LF** **GF**

Zubereitung Petersilie zupfen und grob hacken. Mit allen anderen Zutaten fein pürieren. Mit Schwarzkümmel bestreuen.

Tipps Favabohnen werden auch Acker-, Sau- oder Pferdebohnen genannt. Sie sind nicht ganz einfach zu bekommen, können aber leicht durch weiße Bohnen ersetzt werden.

Zum Kochen Favabohnen mehrere Stunden einweichen. Mit der vierfachen Menge Wasser sehr weich kochen, abspülen und bis zur Weiterverarbeitung kaltstellen.

25 min

FALAFEL

Pro Person

5 *Petersilienstängel*
1 *kleine Knoblauchzehe*
150 g *gekochte Kichererbsen*
1 MS *Kreuzkümmel*
1 TL *Paprika*
1 *gestrichener* **TL** *Kurkuma*
1 TL *Cayennepfeffer oder Chili*
1 *gestrichener* **TL** *Backpulver*
2 EL *Mehl*
Salz, Pfeffer
Öl zum Frittieren

VG **LF**

Zubereitung Petersilie zupfen und grob hacken. Knoblauch schälen. Beide mit Kichererbsen, Gewürzen, Backpulver und Mehl vermischen und grob pürieren. Mit Salz und Pfeffer kräftig abschmecken.

Einen Topf oder eine hohe Pfanne ca. 5 cm hoch mit Öl füllen, bei mittlerer Hitze aufstellen.

Falafel-Masse zu Bällchen formen und in heißem Öl knusprig frittieren.

5 min

HUMMUS

Pro Person

Für das Basisrezept
100 g *gekochte Kichererbsen*
1–2 EL *Tahin*
1 *kleine Knoblauchzehe*
Saft von ½ Zitrone
50 ml *Olivenöl*
Salz, Pfeffer

Für grünen Hummus
5 *Basilikumzweige*

Für roten Hummus
1 *gestrichener* **EL** *Paprika*
1 *gestrichener* **EL** *Cayennepfeffer*
1 *gestrichener* **EL** *Tomatenmark*
Chili nach Wunsch

VG **LF** **GF**

Zubereitung Alle Zutaten glatt pürieren und mit Salz und Pfeffer abschmecken.

Für grünen Hummus Basilikum zupfen, grob hacken. Fertigen Hummus mit Basilikum nochmals pürieren, mit Basilikumstreifen bestreuen.

Für roten Hummus fertigen Hummus mit allen Zutaten nochmals pürieren.

Tipps Dosen-Kichererbsen gut abspülen.

Zum Kochen Kichererbsen einige Stunden einweichen. Abspülen und mit der fünffachen Menge Wasser weich kochen. Beim Pürieren einen Teil des Öls durch Wasser ersetzen.

35 min

HACKFLEISCH-SPIESSE

Pro Person

LF **GF**

½ *Zwiebel*
150 g *Lamm- oder Kalbshack*
1 TL *Paprikapulver*
1 Prise *Kreuzkümmel*
1 Prise *Koriander*
Chili nach Wunsch
Salz
Pfeffer
Öl zum Grillen/Braten

Zubereitung Zwiebel feinwürfelig hacken. Mit Fleisch und allen Gewürzen gut vermischen.

Masse zu kleinen länglichen Laibchen formen und auf Grillspießchen stecken.

Bei mittlerer Hitze am Grill oder in der Pfanne braten.

Tipps Alternativ Masse entweder dünn ausrollen und um einen größeren Spieß wickeln oder zu einer langen Wurst ausrollen und aufspießen. Grillen oder braten wie oben beschrieben.

Wie alle Grillgerichte sollte die Masse kräftig mit Salz und Pfeffer gewürzt werden.

Grüner Hummus
Rezept S. 91

Desserttipp
10 min
Zeit zum Tiefkühlen

DATTEL-JOGHURT-EIS

Pro Person

80 g *Datteln*
100 ml *Joghurt*
1 *Banane*
1 EL *Honig (optional)*
Mandeln und Datteln zum garnieren

VEG **VG** *Vegane Variante veganen Joghurt und Zucker statt Honig verwenden*
GF

Zubereitung Datteln entkernen. Die Hälfte mit Joghurt, Banane und, wenn das Eis süßer sein soll, Honig pürieren. Die andere Hälfte in kleine Würfel schneiden und unter die Joghurt-Masse rühren.

In einer beliebigen Form einfrieren, vor dem Servieren kurz in einem Cutter zerkleinern. Mit grob zerkleinerten Mandeln und fein geschnittenen Datteln garnieren.

Tipps Wer keinen Cutter hat, kann die fertige Masse auch gleich in der Form einfrieren, in der serviert wird. Ohne gecuttert zu werden, ist das Eis allerdings wesentlich fester.

Zum Anrichten eignen sich auch selbst gebrannte Mandeln (8 Minuten bei 170 °C im vorgeheizten Ofen backen, grob hacken) oder Kokos-Chips.

Bananen sind ein hervorragendes Bindemittel für veganes Eis.

UND SO GEHT'S

1. Samosateig zubereiten
2. Samosafüllung zubereiten
3. Kokos-Mango-Bällchen zubereiten
4. Raija zubereiten
5. Frittier-Fett für Samosas oder Ofen vorheizen
6. Lammrippen aufstellen
7. Wenn gewünscht, Reis kochen
8. Ceylon-Curry aufstellen
9. Samosas frittieren bzw. fertig backen
10. Currys fertigstellen

TISCH 07

SRI LANKA

KARTOFFEL-SCHWARZKÜMMEL-SAMOSAS

RAIJA

CEYLON-CURRY

LAMMRIPPEN IN ROTER CURRYSAUCE

◆ KOKOS-MANGO-BÄLLCHEN ◆

DESSERTTIPP

SRI LANKA

Curry bezeichnet zum einen die pulvrige Gewürzmischung (*der* Curry) und zum anderen ein Gericht auf Basis einer sämigen, würzigen Sauce mit Fleisch, Fisch und/oder Gemüse (*das* Curry). Die Vielfalt von Curry-Gerichten ist nur mit der kulturellen Vielfalt der Länder vergleichbar, in denen sie zur täglichen Ernährung gehören.

Als Bezugsland für das Curry-Kapitel haben wir uns für Sri Lanka entschieden. Wir hätten auch ein anderes Land auswählen können, in dem diese kräftig-würzigen Speisen ebenfalls populär sind. Doch unsere Wahl fiel auf Sri Lanka. Der englische Begriff Curry entstammt dem tamilischen *kari*, das Sauce bedeutet. Auf Sri Lanka leben sehr alte tamilische Gemeinschaften.

Darüber hinaus spielte für uns auch eine Rolle, dass der Inselstaat zu den immer kleiner und seltener werdenden Regionen gehört, in denen es für Pflanzen und Tiere noch autochthone Lebensräume gibt, wo also der Mensch kaum oder gar nicht in die natürlichen Gegebenheiten eingreift. Sri Lanker heißen Gäste herzlich willkommen, opfern ihnen aber nicht die eigene Identität, wie man es in beliebten Reiseländern oft beobachten kann. Dadurch hat sich die Insel viel von ihrer Ursprünglichkeit bewahrt.

Die Wurzeln der Küche des Landes sind leider kaum noch feststellbar, zu sehr ist im Lauf der Zeit durch die vielen verschiedenen Kulturen ein Potpourri entstanden. Doch im Mittelpunkt der vielfältigen Zubereitungen, die durch indische Gewürze, muslimische Fleischgerichte und asiatische Garmethoden geprägt sind, steht immer das Curry. Und jedes Curry ist anders.

KARTOFFEL-SCHWARZKÜMMEL-SAMOSAS

50 min

Für 4 Personen

Für den Teig
1 *Ei*
250 g *Mehl*
4 EL *neutrales Pflanzenöl*
150 ml *Wasser*
1 *gestrichener* **EL** *Backpulver*
Salz

Für die Füllung
3 *mittelgroße Kartoffeln*
1 *kleine Zwiebel*
2 *Knoblauchzehen*
Saft von **½ –1** *Zitrone*
je **1** *gestrichener* **TL** *Kreuzkümmel, Cayennepfeffer, Kurkuma*
1 EL *Schwarzkümmel*
Salz
Öl zum Frittieren (optional)

VEG **VG** *Vegane Variante Ei weglassen (wird nur für die Bräune benötigt)* **LF**

Zubereitung Für den Teig Ei aufschlagen, verquirlen und beiseite stellen. Alle anderen Zutaten zu einem glatten Teig verkneten.

Kartoffeln weich kochen, schälen und pressen. Zwiebel und Knoblauch schälen. Zwiebel feinwürfelig hacken, Knoblauch reiben. Knoblauch mit Zitronensaft, Gewürzen, Zwiebeln und Kartoffeln zu einer festen Masse verrühren. Kräftig mit Salz abschmecken.

Teigtaschen nach Wunsch formen. Z.B. Teig kreisförmig mit einem Durchmesser von ca. 10 cm messerrückendick ausrollen. Mit einem passenden Ring o.Ä. einen Kreis ausstechen. Auf jeden Teigkreis mittig je 1 EL Füllung platzieren. Teig zu einem Halbkreis zuklappen und den Rand mit den Fingern oder mit einer Gabel festdrücken. Mit Ei bestreichen und entweder bei 190 °C ca. 20 Minuten backen oder goldbraun frittieren.

Tipp Wenn man den Teig dreieckig faltet, kann man große Samosas mit 2 EL Füllung formen.

RAIJA

10 min

Pro Person

1 *mittelgroße Tomate*
1 *kleine Gurke*
1 *kleine Knoblauchzehe*
2–4 *Basilikumstängel*
150 ml *Joghurt*
1 TL *Paprika*
1 TL *Galgant*
1 TL *Koriander*
Salz

VEG **GF**

Zubereitung Gemüse waschen. Knoblauch schälen. Gurke schälen und mit einem Löffel entkernen, Schale und Kerne aufheben.

Basilikum zupfen und mit Joghurt, Gurkenschale, Gurkenkernen, Knoblauch und Gewürzen pürieren. Gurkenfleisch und Tomate raffeln. Unterrühren und mit Salz abschmecken.

20 min

CEYLON-CURRY

Pro Person

LF **GF**

Für das Basisrezept
2 cm *Ingwer*
2 *Knoblauchzehen*
½ *Zwiebel*
½ *roter Paprika*
150 g *Garnelen, am besten mit Schale*
neutrales Pflanzenöl zum Braten
2 EL *Kokosraspeln*
150 ml *Kokosmilch*
1 *Zimtstange**
Salz
Saft von **½ –1** *Limette*

Optional
1 MS *gemahlener Fenchel*
1 *gestrichener* **TL** *Kardamom*
1 *gestrichener* **TL** *Bockshornklee*
2–3 *Curryblätter*

**Achtung auf den Zimt bei größeren Mengen: Wer für 3 Personen kocht, sollte nur 2, wer für 6 Personen kocht, 2–3 Stangen benutzen.*

Zubereitung Ingwer und Knoblauch schälen und fein raspeln. Zwiebel feinwürfelig hacken, Paprika würfeln. Garnelen waschen.

Öl in einer Pfanne erhitzen. Zwiebeln langsam glasig schwitzen, nach 3 Minuten Ingwer, Knoblauch und Paprika hinzufügen und weitere 1–2 Minuten braten. Kokosraspeln hinzufügen. Wenn vorhanden, Fenchel, Kardamom und Bockshornklee einstreuen und kurz (30 Sekunden) rösten.

Mit Kokosmilch aufgießen. Garnelen, Zimt und, wenn vorhanden, Curryblätter einlegen. Aufkochen, 10 Minuten sanft köcheln, mit Salz und Limettensaft abschmecken.

Tipp Wer das Curry dünn möchte, kann einfach mehr Kokosmilch hinzufügen.

40 min

LAMMRIPPEN IN ROTER CURRYSAUCE

Pro Person

Für das Basisrezept
½ *Zwiebel*
200 g *Lammrippen*
Pflanzenöl zum Braten
1 EL *Paprika-Pulver, edelsüß*
1 EL *scharfes Paprikapulver oder Cayennepfeffer*
1 MS *Piment oder* **1** *Zimtstange**
1 MS *Kurkuma*
Chili nach Wunsch
1 EL *Tomatenmark (alternativ* **1** *frische, gehackte Tomate)*
100 ml *Kokosmilch*
Salz

Optional
1 MS *Macis oder Muskatnuss*
1 MS *Ingwerpulver*
1 MS *gemahlene Senfkörner*

**Achtung auf den Zimt bei größeren Mengen: Wer für 3 Personen kocht, sollte nur 2, wer für 6 Personen kocht, 2–3 Stangen benutzen.*

LF **GF**

Zubereitung Zwiebel feinwürfelig hacken.

Lammrippen mit neutralem Pflanzenöl in einer Pfanne scharf beidseitig anbraten. Fleisch aus der Pfanne nehmen und zur Seite stellen.

In den Bratrückständen Öl erhitzen, Zwiebel 5 Minuten glasig schwitzen. Gewürze – gegebenenfalls inkl. der optionalen Zutaten – hinzufügen, ca. 30 Sekunden unter ständigem Rühren weiterbraten. Tomatenmark oder -stücke hinzufügen, mit Kokosmilch aufgießen.

Lammrippen einlegen und 15–20 Minuten weich kochen. Mit Salz abschmecken.

Tipp Wer es nicht so scharf mag, lässt das scharfe Paprikapulver bzw. den Cayennepfeffer weg.

Desserttipp
25 min

◆ KOKOS-MANGO-BÄLLCHEN ◆

Pro Person

50 g *getrocknete Mango*
½ Limette
50 g *Kokosraspeln*
Kokosraspeln zum Wälzen
Puderzucker nach Wunsch
Chili nach Wunsch
Limettenspalten zum Servieren

VG **LF** **GF**

Zubereitung Getrocknete Mango feinwürfelig hacken und mit Wasser bedecken. 20 Minuten ziehen lassen.

Limette auspressen. Saft und Kokosraspeln mit den Mangostücken zu einer Masse verkneten. Wer es süßer möchte, süßt jetzt mit Puderzucker, wer es scharf möchte, gibt jetzt frisch gehackte oder getrocknete, vermahlene Chili dazu.

Aus der Masse Bällchen formen, in Kokosraspeln wenden und kaltstellen. Mit Limetten servieren.

UND SO GEHT'S

1. Filet zubereiten
2. Soba-Teig vorbereiten
3. Soba-Sauce zubereiten
4. Tempura vorbereiten (Gemüse schneiden, Garnelen putzen etc.)
5. Tempura-Teig anrühren
6. Soba-Nudeln zubereiten
7. Frittierfett erhitzen
8. Zuckerschoten zubereiten
9. Tempura frittieren

TISCH 08

SOBA

SOBA-TEIG

SOBA-BASISSAUCE

GEBRATENE ZUCKERERBSENSCHOTEN MIT SPROSSEN

ASIATISCHES FILET

TEMPURA

SOBA

Für eine TV-Produktion wurden wir vor einiger Zeit zu einer Reise durch Japan eingeladen. Japan ist in kulinarischer Hinsicht ungemein spannend. In der japanischen Koch- und Genusskultur hat sich wie in Frankreich ein ganz eigenständiges Küchensystem entwickelt – freilich ganz anders und nicht vergleichbar. Man könnte sagen: Frankreich und Japan sind *die* Weltküchen.

Deshalb bietet sich für uns Köche die japanische Küche genauso zum Beobachten und Lernen an wie die französische. Wir beide haben auch eine sehr persönliche Beziehung zu diesem Land: Die japanischen Soba-Nudeln haben es uns angetan. Die bräunlichen und spaghettiartigen Nudeln werden aus Buchweizenmehl hergestellt und sind Urbestandteil der japanischen Küche. Wir haben sie als Kinder im ersten Lokal unserer Eltern kennengelernt, in dem auch eine Japanerin in der Küche arbeitete. Soba klingt in unseren Ohren wie ein Synonym für Japan.

In Japan stehen immer die Lebensmittel im Mittelpunkt. Sie genießen höchsten Respekt. Es heißt, dass sie von der Natur so makellos hervorgebracht wurden, dass man sie eigentlich nicht mehr verbessern kann. Japanische Köche verstehen sich nicht als Künstler mit der Lizenz zu kreativem Neuerfinden, sie treten hinter dem Produkt zurück. Dafür versuchen sie, durch die Perfektion ihrer handwerklichen Fertigkeiten zu überzeugen.

Die höchste Kunst der Zubereitung sehen sie in einer möglichst einfachen Verarbeitung.

Nie würde ein Japaner das natürliche Aroma eines Fischs etwa mit Gojibeeren oder Chia-Samen verfremden, nur weil das gerade Mode ist. Westliche Köche sehen ja gerade darin die Herausforderung, Trendsetter zu sein. Wenn man die japanische Küche erlebt hat, bekommt man eine wohltuende Distanz zu diesem Streben nach dem Allerneuesten.

N° 1

50 min

SOBA-TEIG

Pro Person

75 g *Buchweizenmehl*
75 g *Weizenmehl*
70 ml *Wasser*

VG **LF** **GF** *Glutenfreie Variante Teig nur aus Buchweizenmehl*

Zubereitung Beide Mehlsorten mit dem Wasser ca. 8 Minuten in einer Maschine oder ca. 10 Minuten mit der Hand kneten. 30 Minuten ruhen lassen.

Messerrückendünn ausrollen und in die gewünschte Breite schneiden.
In kochendem Wasser ca. 2 Minuten kochen, kalt abschrecken und gleich verzehren.

Tipp Da Buchweizenmehl kein Gluten enthält, das den Teig geschmeidig werden lässt, ist der Weizenanteil besonders für Ungeübte wichtig. Geübte können den Buchweizenanteil erhöhen, die Nudeln brechen dann allerdings leichter.

5 min

SOBA-BASISSAUCE

Pro Person

10 g *Ingwer*
30 g *Meerrettich*
½ *Frühlingszwiebel*
50 ml *Sojasauce*
30 ml *Mirin*

VG **LF** **GF** *Glutenfreie Variante glutenfreie Sojasauce verwenden*

Zubereitung Ingwer und Meerrettich schälen und fein raspeln. Frühlingszwiebel fein hacken. Alle Zutaten gut verrühren.

GEBRATENE ZUCKERERBSENSCHOTEN MIT SPROSSEN

10 min

Pro Person

150 g *Zuckererbsenschoten*
100 g *Sojasprossen*
1 *Knoblauchzehe*
neutrales Pflanzenöl
3 EL *Sojasauce*

VG **LF** **GF** *Glutenfreie Variante glutenfreie Sojasauce verwenden*

Zubereitung Schoten und Sprossen waschen und trocknen lassen. Knoblauch fein hacken.

Öl in einer Pfanne oder einem Wok stark erhitzen, Schoten im Öl ca. 1 Minute braten. Sprossen und Knoblauch hinzufügen. Temperatur herunterschalten, Sojasauce dazugeben, kurz schwenken. Pfanne vom Herd nehmen.

ASIATISCHES FILET

30 min

Für 4 Personen

600–700 g *Rinderfilet*
Öl zum Braten
6–8 EL *Sojasauce*
2–3 EL *dunkles, geröstetes Sesamöl*
4 EL *weißer Sesam*
Salz nach Bedarf

LF **GF** *Glutenfreie Variante glutenfreie Sojasauce verwenden*

Zubereitung Ofen auf 190 °C vorheizen. Filet im Ganzen in einer ofenfesten Pfanne auf allen Seiten bei starker Hitze anbraten (ca. 1 Minute). Mit der Pfanne in den Ofen stellen und weitergaren: 6–8 Minuten für blutig, 10 Minuten für medium, 12–15 Minuten für well done.

Filet auskühlen lassen. Kalt mit Sojasauce und Sesamöl einreiben und mit Sesam bestreuen.

Vor dem Servieren in dünne Scheiben schneiden und evtl. mit Salz nachwürzen.

Tipp Schmeckt am besten bei kurzer Garzeit, als asiatisches Carpaccio.

ca. 10 min

TEMPURA

Für 4 Personen

Öl zum Frittieren
110 g *Reismehl oder Maisstärke*
120 g *Mehl*
1 *Ei*
250 ml *kaltes Wasser*

Zutaten nach Wunsch
(s. Zubereitung)

Zubereitung Öl bei mittlerer Hitze erwärmen.

Reismehl oder Stärke mit Mehl, Ei und Wasser kurz vor dem Frittieren kräftig verquirlen, bis eine glatte Konsistenz entsteht. Zutaten im Teig wenden und unter wiederholtem Wenden goldbraun frittieren.

Für Tempura eignen sich z.B.

Zucchini	1 cm dicke Scheiben	1 Minute
Auberginen	1 cm dicke, breite Streifen	2 Minuten
Kürbis	0,5 cm dicke Halbmonde	3 Minuten
Champignons	geviertelt	2–3 Minuten
Garnelen	5 cm groß, küchenfertig	3 Minuten
Hühnerbrust	3 cm lange Streifen	3 Minuten

Wenn man nur Tempura isst, sollten ca. 250–300 g Zutaten pro Person gerechnet werden, wenn Soba und Tempura kombiniert wird, ca. 150–200 g.

Tipp Wer einen dickflüssigeren Teig möchte, erhöht den Mehlanteil.

UND SO GEHT'S

1. Kuchen am Vortag backen
2. Wenn gewünscht, Entenfond am Vortag herstellen und kaltstellen
3. Wenn gewünscht, Entenfond entfetten
4. Ente zerlegen
5. Ofen vorheizen
6. Ravioliteig zubereiten
7. Raviolifüllung herstellen
8. Ravioli füllen und kurz kochen, zur Seite stellen
9. Ente in den Ofen schieben
10. Kürbisgemüse schneiden
11. Mangold blanchieren
12. Wenn die Ente fertig ist, Ofen abschalten, Ente warm halten
13. Ravioli in die Pfanne geben
14. Kürbisgemüse fertigstellen

TISCH 09

HERBST

MANGOLD-KÜRBIS-GEMÜSE

KASTANIEN-ROTKOHL-RAVIOLI

STERNANIS-ENTE MIT ZITRONENGRAS

◆ INGWER-KAROTTEN-KUCHEN ◆

DESSERTTIPP

HERBST

Wenn der Sommer wie ein übermütiges Fest ist, dann folgt mit dem Herbst die Einkehr. Der Herbst erdet. Wir sind beide viel gereist, haben auch einige Zeit im Ausland gelebt. Dazu kommt der Arbeitsalltag mit seinen vielen Eindrücken. Der Herbst lässt all das ein wenig in den Hintergrund treten. Er führt zur Rückbesinnung auf das, was uns ganz persönlich wichtig ist.

Er verbreitet eine ganz besondere Stimmung, die unter die Haut dringt und berührt. Der Herbst – das sind diese Morgen, an denen sich der letzte Nebel noch zum Bleiben entschließt und jeden Sonnenstrahl abwehrt. Das ist dieser Geruch nach frischer Erde und es sind diese Bilder von Waldwiesen mit üppigen Pilzkolonien und von Landschaften, die wirken, als wären sie mit zu viel Farbe gemalt.

Der Herbst lässt uns auch an reifes Obst und Nüsse und an den Sturm denken, wie man in Österreich den Federweißen nennt. Zum Federweißen gehören unbedingt frisch geröstete Kastanien! So schmeckt er am besten.

In der Familie Wrenkh hat vor allem die Martinigans lange Tradition, daran hat sich bis heute kaum etwas geändert. Das Martiniganslessen ist seit jeher eine willkommene Gelegenheit, viele Mitglieder der Familie an einem Tisch zu versammeln. Wir wundern uns deshalb auch heute noch, warum nicht zumindest einer von uns auf den Namen Martin getauft wurde.

15 min

MANGOLD-KÜRBIS-GEMÜSE

Pro Person

100 g *Mangold*
150 g *Kürbis*
(am besten Hokkaido)
Olivenöl zum Braten
Salz
Pfeffer
50 g *Kürbiskerne*

VG **LF** **GF**

Zubereitung Gemüse waschen und putzen. Kürbis schälen, in 2 x 2 cm große Würfel schneiden. Mangold in 2 cm lange, breite Streifen schneiden.

Wasser in einem Topf zum Kochen bringen, Mangold 1 Minute blanchieren und eiskalt abschrecken, beiseite stellen.

Kürbis bei niederer bis mittlerer Hitze in Öl braten, bis er angenehm bissfest ist (dauert ca. 6–8 Minuten).

Mangold unterrühren. Kurz mitbraten, mit Salz und Pfeffer abschmecken und mit Kürbiskernen servieren.

Tipp Am besten schmecken geröstete Kürbiskerne. Dafür etwas Salz in einigen EL Wasser auflösen, Kerne damit beträufeln, gut umrühren, bei 170 °C ca. 8 Minuten im vorgeheizten Ofen rösten.

⋙→ *1,5 Stunden*

KASTANIEN-ROTKOHL-RAVIOLI

Für ca. 25 Stück

Für den Teig
200 g *Mehl*
2 *Eier*
1 *Eigelb*
1 Prise *Salz*

Mehl zum Arbeiten

Für die Füllung
300 g *Kartoffeln*
300 g *Rotkohl*
Öl zum Braten
1 *kleine Zwiebel*
400 g *Kastanien*
etwas Butter zum Braten
1 Prise *Zimt*
100 ml *Crème fraîche*
Salz
Pfeffer

✻ **VEG**

Zubereitung Alle Teigzutaten von Hand oder in der Maschine mit 50 ml Wasser 10 Minuten gut verkneten. Ist der Teig zu hart, etwas Wasser hinzufügen, sollte er zu weich sein, etwas Mehl einarbeiten. 1 Stunde abgedeckt ruhen lassen.

Währenddessen für die Füllung Kartoffeln weichkochen, schälen und pressen. Strunk des Rotkohls entfernen, Rotkohl in sehr kleine Streifen schneiden.

Rotkohlstreifen in einer Pfanne mit etwas Öl bei mittlerer Hitze anschwitzen, auskühlen lassen.

Zwiebel schälen und feinwürfelig hacken. Kastanien schälen, hacken und in etwas Butter bissfest bräunen. Mit Zimt bestreuen. Alle Zutaten für die Füllung vermischen, mit Salz und Pfeffer abschmecken.

Teig auf einer mit Mehl ausgestreuten Arbeitsfläche ca. messerrückendick ausrollen. Mit einem ca. 10 cm großen Servierring Kreise ausstechen. Mittig befüllen. Teigkreise zuklappen, Rand mit einer Gabel andrücken. Mit dem Rest Teig genauso verfahren, bis Teig und Füllung aufgebraucht sind.

In Salzwasser je nach Größe der Ravioli ca. 8–10 Minuten kochen, abseihen und servieren.

Mit Fond gut 3 Stunden, ohne ca. 1 Stunde (s. Tipp)

STERNANIS-ENTE MIT ZITRONENGRAS

Für 4 Personen

1 *Knoblauchknolle*
1 *kleine Ingwerknolle*
1 *küchenfertige Ente*
100 g *Zucker*
200–300 ml *Sojasauce*
5 *Stangen Zitronengras*
5 *Sternanis*

LF **GF** *Glutenfreie Variante glutenfreie Sojasauce verwenden*

Zubereitung Knoblauch und Ingwer waschen, putzen, schälen und grob zerteilen.

Ente zerlegen. Ober- und Unterkeule, Brust mit Knochen, Flügel, Innereien und Hals von den restlichen Karkassen trennen und scharf beidseitig in einem Topf oder einer Kasserolle im Eigenfett anbraten. Herausnehmen und bis zur weiteren Verwendung zur Seite stellen.

Restliche Karkassen in dem Topf, in dem die Ente angebraten wurde, mit Ingwer und Knoblauch anbraten. Zucker hinzufügen, Sojasauce angießen, mit Wasser bedecken. Ca. 2–3 Stunden auf kleiner Flamme kochen lassen. Fond abseihen und zur Seite stellen.

Ofen auf 180 °C vorheizen. Zitronengras längsseitig zerteilen und in ein tiefes Backblech legen. Vorgebratene Entenstücke mit der Unterseite nach oben auf das Zitronengras legen, Sternanis einlegen. Mit Fond begießen. Ca. 20 Minuten im vorgeheizten Ofen braten. Wenden, sodass die Hautseite nach oben kommt, und weitere 40 Minuten braten.

Tipps Für eine schnelle Version Ente ohne Fond zubereiten: Ente zerlegen. Alle Stücke mit Sternanis, Zitronengras, Soja und Zucker unter zweimaligem Wenden bei 190 °C ca. 60–70 Minuten im vorgeheizten Ofen braten.

Wer Fett sparen möchte, kocht den Fond am Vortag, stellt ihn kalt und zieht vor dem Weiterverarbeiten das Fett ab.

Desserttipp
60 min

◆ INGWER-KAROTTEN-KUCHEN ◆

Für 1 Torte mit 22 cm ø oder
1 Form 20 x 8 cm

Butter und Mehl für die Form
ca. **4 x 4 cm** *frischer Ingwer*
130 g *Karotten*
40 g *Semmelbrösel*
Zesten von **1** *kleinen Bio-Zitrone*
1 Prise *Zimt*
1 *gestrichener TL Backpulver*
120 g *geriebene Haselnüsse*
4 *Eier*
80 g *Honig*
1–2 cl *Inländerrum oder Rum*

Für die Glasur
150 g *Kochschokolade*
1 EL *Pflanzenöl*
2 EL *Aprikosenmarmelade*

✻ **VEG** **LF**

Zubereitung Form mit Butter ausstreichen, mit Mehl ausstreuen. Ofen auf 150 °C vorheizen.

Ingwer schälen, reiben und aus der geriebenen Masse mit der Hand den Saft auspressen. Benötigt werden 20 ml Ingwersaft.

Karotten schälen und fein raspeln. Semmelbrösel, Zesten, Zimt, Backpulver und Haselnüsse gut vermischen, Ingwer-Saft hinzufügen.

Eier trennen. Eigelb mit Honig schaumig rühren, Eiweiß zu Schnee schlagen. Zuerst Dottermasse unter den Schnee heben, dann die Karotten-Mischung. Rum und 20 ml Wasser unterrühren.

In die Form füllen und im vorgeheizten Ofen 40 Minuten backen.

Schokolade im Wasserbad schmelzen, mit Öl verrühren. Fertigen Kuchen zuerst mit Marmelade, dann mit Schokoladenglasur überziehen. Kaltstellen, bis die Glasur fest wird.

Tipp Schmeckt auch ohne Glasur.

UND SO GEHT'S

1. Tarte am Vortag backen
2. Fisch filetieren, Garnelen putzen
3. Oktopus kochen
4. Kartoffeln kochen
5. Fisch-Fond aufstellen
6. Galettes-Teig zubereiten, Galettes braten
7. Galettes-Füllung zubereiten, Galettes füllen
8. Ofen vorheizen
9. Baguette-Belag herstellen, Baguettes belegen
10. Galettes und Baguettes in den Ofen schieben
11. Salat waschen, Salat-Dressing anrühren
12. Fisch-Eintopf fertigstellen

TISCH 10

BRETAGNE

WALNUSS-SALAT MIT APFEL

KNOBLAUCH-ROSMARIN-BAGUETTE

GALETTES

BRETONISCHER FISCH-EINTOPF

◆ TARTE AU TATIN ◆

DESSERTTIPP

BRETAGNE

Wer Koch werden will, kommt um die Beschäftigung mit Frankreichs Küche und Esskultur nicht herum. Unsere Ausbildung orientiert sich am französischen Küchensystem, das von dem bedeutenden Koch und Reformer Auguste Escoffier begründetet wurde.

Unsere Eltern verehren Escoffier und auch den berühmten Koch Paul Bocuse. Bei uns zu Hause und in ihrem Lokal hingen große Fotos der beiden. Vermutlich hätten wir Frankreich aber auch ohne diese Vorgeschichte für uns entdeckt. Bei Leo fing es damit an, dass er sich auf einer Klassenfahrt nach Saint-Malo heftig verliebte – und zwar gleich in die ganze Bretagne.

Das raue Klima und die deftig-kräftige Küche, in der das Fleisch auch mal etwas fetter sein darf, in der viel Muscheln gegessen werden und viel Cidre dazu getrunken wird – das Rustikale eben, das hat ihn regelrecht umgehauen. Die charmante Lebensart der Franzosen liegt uns beiden, wir sind beide sehr gern in diesem Land.

Unsere erste gemeinsame Fahrt nach der Ausbildung hat uns nach Paris geführt und uns viele Erlebnisse gebracht, die wir nie vergessen werden. Wir wollten unbedingt bei dem Weltklassekoch Alain Ducasse essen gehen und waren bereit, uns die Sache etwas kosten lassen. Kaum hatten wir die weihevollen Hallen von Ducasse betreten, wurden wir vom Personal höflich, aber sehr bestimmt wieder hinauskomplimentiert: Unsere Schuhe waren zu sportlich. Zuerst wollten wir uns über den Rausschmiss aufregen. Aber dann entdeckten wir, dass allein der Preis für eine Tasse Suppe unser Budget schon gesprengt hätte – gut, dass wir nicht in die Verlegenheit gekommen sind, hier etwas zu konsumieren!

Als kleine Hommage an die bretonische Lebensart haben wir für dieses Buch eine Fischsuppe ausgewählt, wie sie in der Bretagne beliebt ist, bodenständig und authentisch.

20 min

WALNUSS-SALAT MIT APFEL

Pro Person

200 g *Blattsalat-Mischung nach Wahl*
30 ml *Walnussöl*
50 ml *Olivenöl*
60 ml *Balsam-Essig*
1 EL *Hefeflocken*
1 EL *Honig*
80–100 g *Walnüsse*
1 *kleiner Apfel*
Butter oder Öl zum Braten
Salz

✻ **VEG** **LF** *Laktosefrei bei Verwendung von Öl zum Braten* **GF**

Zubereitung Salat putzen und zerkleinern.

Alle flüssigen Zutaten mit Hefeflocken und Honig mischen. Walnüsse grob hacken. Apfel entkernen und in dünne Spalten schneiden, in Butter oder Öl mit den Nüssen bräunen.

Salat marinieren und mit Salz abschmecken, mit Apfel-Nuss-Mischung garnieren.

Tipp Die Hefeflocken sorgen für eine sämige Bindung, der Salat schmeckt aber auch ohne gut.

20 min

KNOBLAUCH-ROSMARIN-BAGUETTE

Für 1 Baguette

150 g *Pinienkerne*
4 *Rosmarinzweige*
4 *Knoblauchzehen*
70 g *Butter*
1 *mittelgroßes knuspriges Baguette*

✻ **VEG**

Zubereitung Ofen auf 160 °C vorheizen.

Pinienkerne hacken, Rosmarinnadeln abzupfen, Knoblauch schälen und feinblättrig hacken.

Rosmarin, Knoblauch und Pinienkerne in Butter bräunen. Baguette halbieren, die Gewürz-Pinienkern-Butter darauf verteilen. 10 Minuten im vorgeheizten Ofen backen.

Tipp Baguette vor dem Belegen mit geriebenem Grana oder Parmesan bestreuen, damit die Pinienkerne besser haften.

40 min (für Teig und eine Füllung)

GALETTES

Für 3 Personen

Für den Teig (für 3 Galettes)
50 g *Butter*
350 ml *Milch*
150 g *Buchweizenmehl*
100 g *Weizenmehl*
1 *Ei*
350 ml *kaltes Wasser*
3 TL *Salz*
Butter zum Braten

Für die Paprika-Zwiebel-Füllung (für 1 Galette)
je **1** *Tomate und Paprika*
½ rote Zwiebel
Öl zum Braten
Salz, Pfeffer
100 g *frisch geriebener schmelzfähiger Käse nach Wahl*

Für die Bohnen-Erbsen-Füllung (für 1 Galette)
je **80 g** *grüne Bohnen und Erbsen*
2 EL *Crème fraîche*
Salz, Pfeffer
1 EL *gehackter Dill*

Für die Schinken-Käse-Füllung (für 1 Galette)
100 g *Kochschinken*
½ Zwiebel
Butter zum Braten
80 g *klein geschnittener schmelzfähiger Käse nach Wahl*
Salz, Pfeffer

GF *Glutenfreie Variante Teig nur aus Buchweizenmehl*
Paprika-Zwiebel-Füllung: * **VEG**
Bohnen-Erbsen-Füllung: * **VEG**

Zubereitung Für den Teig Butter zerlassen. Milch, Mehl, Ei, Wasser und Salz vermischen, zerlassene Butter einarbeiten. Teig ca. 1 Stunde mit einem sauberen Tuch bedeckt ruhen lassen. Mit einem großen Löffel oder einer Suppenkelle ein Drittel des Teiges in eine Pfanne mit heißer Butter geben. Beidseitig bräunen, zur Seite stellen.

Ofen auf 160 °C vorheizen.

Für die Paprika-Zwiebel-Füllung Tomate und Paprika waschen und in Ringe schneiden. Zwiebel schälen, vierteilen und in Schichten zerlegen, Tomate, Paprika und Zwiebel im Öl scharf anbraten, mit Salz und Pfeffer abschmecken und mit dem Käse in eine Galette füllen.

Für die Bohnen-Erbsen-Füllung Bohnen putzen, ca. 1–2 Minuten bissfest blanchieren und eiskalt abschrecken. Erbsen 30 Sekunden blanchieren und eiskalt abschrecken. Eine Galette mit Crème fraîche bestreichen, mit Erbsen und Fisolen belegen, salzen und pfeffern, mit Dill bestreuen.

Für die Schinken-Käse-Füllung Schinken grob zupfen oder schneiden. Zwiebel schälen und klein hacken. Zusammen in Butter bräunen, mit geriebenem Käse auf einer Galette verteilen, nach Wunsch mit Salz und Pfeffer würzen, einrollen.

Alle Galettes 10 Minuten bei 160 °C im vorgeheizten Ofen backen.

Tipp Da Buchweizenmehl kein Gluten enthält, das den Teig geschmeidig werden lässt, ist der Weizenanteil besonders für Ungeübte wichtig. Geübte können den Buchweizenanteil erhöhen, die Galettes brechen dann allerdings leichter.

BRETONISCHER FISCH-EINTOPF

2 Stunden

Für 6 Personen

ca. **1 kg** *ausgenommener Fisch im Ganzen nach Wahl (z.B. Knurrhahn, Wolfsbarsch, Goldbrasse, Meeräsche etc.)*
300 g *Garnelen*
1 *mittelgroßer Oktopus (***500 g***)*
3 *Kartoffeln*
1 *Fenchel*
1 *Karotte*
2 *Tomaten*
½ *Lauch*
1 *Zwiebel*
Olivenöl zum Braten
1 EL *Paprikapulver*
150 ml *Weißwein*
4 *Lorbeerblätter*
Salz

LF **GF**

Zubereitung Fische filetieren. Garnelen schälen und putzen. Karkassen und Schalen für die weitere Verwendung zur Seite stellen.

Oktopus ca. 20 Minuten auf kleiner Flamme kochen.

Kartoffeln mit Schale bissfest kochen. Abseihen, schälen und längsseitig vierteln.

Während die Kartoffeln kochen, Gemüse bis auf die Zwiebel waschen, schälen und putzen, Abschnitte für die weitere Verwendung zur Seite stellen.

Zwiebel ungeschält halbieren und mit Olivenöl in einem großen Topf anbraten. Mit Paprikapulver stäuben und mit Weißwein ablöschen. Alle Fisch-Karkassen, Garnelen-Schalen und Gemüse-Abschnitte einlegen und mit Wasser bedecken, Lorbeer hinzufügen. 45 Minuten zugedeckt auf kleiner Flamme kochen. Abseihen, Fond für die weitere Verwendung zur Seite stellen.

Fisch-Filets in Streifen schneiden, Garnelen längsseitig halbieren, Tomaten achteln, Oktopus in 3–5 cm große Stücke schneiden, Fenchel halbieren und längsseitig in Streifen schneiden, Karotte längsseitig halbieren, Lauch in Ringe hacken.

Lauch, Fenchel, Karotten und Tomaten in Olivenöl anbraten. Mit Fond aufgießen, Fisch, Kartoffeln, Garnelen und Oktopus einlegen, leicht aufkochen. Fisch und Garnelen gar ziehen lassen, mit Salz abschmecken.

Tipp Fische vom Fischhändler filetieren lassen, Karkassen mitnehmen.

Desserttipp
100 min

◆ TARTE AU TATIN ◆

Für 1 Tarte (26–28 cm ø oder ca. 6 Portionsförmchen)

Für den Teig
125 g *kalte Butter*
250 g *Mehl*
1 *Ei*
1 Prise *Salz*
2–3 EL *Wasser*

Für den Belag
1 kg *feste Äpfel*
120 g *Butter*
12 EL *Puderzucker*
2–4 cl *Armagnac*

Fett für die Form
Mehl zum Ausrollen und für die Form

✻ **VEG**

Zubereitung Butter reiben, mit Mehl, Ei, Salz und Wasser rasch zu einem Mürbteig verkneten. 1 Stunde abgedeckt ruhen lassen.

In der Zwischenzeit Äpfel entkernen und vierteln. In Butter bräunen. Mit Puderzucker stäuben, mit Armagnac ablöschen (nach Wunsch flambieren).

Ofen auf 190 °C vorheizen. Backform einfetten, mit Mehl ausstreuen.

Teig auf einer mit Mehl bestreuten Arbeitsfläche ausrollen. Backform mit dem Teig auslegen und mit den Äpfeln belegen.

25 Minuten im vorgeheizten Ofen backen.

Tipp Tarte au Tatin wird auch gern als gestürzter Apfelkuchen zubereitet: Backform mit der Apfelmasse belegen, mit dem Teig zudecken. Nach dem Backen mit Hilfe eines Tellers stürzen.

UND SO GEHT'S

1. Fond aufstellen
2. Mango-Gurken-Maki und Dip zubereiten
3. Nudeln vorkochen, kalt abschrecken
4. Gemüse und Fleisch vorbereiten
5. Fond abseihen und abschmecken

TISCH 11

HOT POT

KOKOS-TOMATEN-BRÜHE

RINDERBRÜHE MIT STERNANIS UND SOJASAUCE

◆ MANGO-GURKEN-MAKI MIT GOJI-CHILI-DIP ◆

DESSERTTIPP

HOT POT

Viele traditionelle Gerichte werden durch Experimentieren nicht besser. Beim Hot Pot, der auch mal Chrysanthemenfeuertopf oder chinesisches Fondue genannt wird, ist es umgekehrt. Hier geht es nicht um die Reduzierung auf das Wesentliche, sondern um die maximale Vielfalt.

Für den Hot Pot gibt es kein festes Rezept, eher eine Art Gebrauchsanleitung. und man muss nicht einmal richtig kochen können. Alle setzen sich um einen Tisch, in der Mitte steht der Hot Pot, in dem Wasser oder eine leichte Brühe siedet. Um das Gerät herum sind viele Schalen mit verschiedenen rohen Fleisch- und Geflügelstücken, klein geschnittenem Gemüse, Fischfiletstreifen, Pilzen, Kräutern und Gewürzen verteilt.

Jeder nimmt sich eine kleine Menge einer Zutat nach Wunsch und gart sie mit Hilfe eines Netzkörbchens in der Brühe. Ist der Leckerbissen verspeist, bereitet man sich etwas Neues zu. Das macht viel Spaß und ermöglicht auf sehr unkomplizierte Weise, ein Essen nach persönlichen Vorlieben zusammenzustellen. Mindestens ebenso wichtig ist für uns das Tischgespräch, das sich dabei ergibt. Denn das Garen der vielen verschiedenen Zutaten braucht seine Zeit. So kommt man meist zu Themen, für die man sich sonst nicht die Zeit nimmt.

Das Beste gibt es übrigens zum Schluss: Durch das Hineintauchen der unterschiedlichen Zutaten entsteht eine herrlich duftende und hocharomatische Brühe, die man aus Schalen trinken kann.

Etwas Ähnliches wie Hot Pot, eine chinesisch inspirierte Hühnersuppe, gab es bei uns früher zu Weihnachten. So haben wir früh erlebt, wie sehr solche gemeinsam zubereiteten Speisen die Menschen zusammenbringen können.

1 Stunde

KOKOS-TOMATEN-BRÜHE

Für 4 Personen

4 *Tomaten*
1–2 *Zwiebeln*
1 *Knoblauchzehe*
5 *Stängel Zitronengras*
2 cm *frischer Ingwer*
Öl zum Braten
1 EL *Paprika*
1 TL *Galgant*
Salz
Chili nach Wunsch
500 ml *Kokosmilch*
4 *Kaffir-Limettenblätter*

VG **LF** **GF**

Zubereitung Tomaten achteln, Zwiebeln und Knoblauch schälen. Zwiebeln und Zitronengras halbieren, Ingwer schälen und grob hacken.

Zwiebeln, Knoblauch und Zitronengras in Öl anbraten, Gewürze hinzufügen, mit 2 l Wasser aufgießen und 45 Minuten auf kleiner Flamme köcheln lassen.

Abseihen, mit Kokosmilch und geachteteln Tomaten erneut aufstellen. Aufkochen, pürieren, Kaffir-Limettenblätter hinzufügen und abschmecken.

Passende Einlagen
- Reisnudeln
- Glasnudeln
- Pilze
- Gemüse
- Seidentofu
- Hühnerfleisch
- Fisch
- Garnelen

Pro Person sollte man ca. 250–300 g Einlagen rechnen, die mundgerecht in Würfel, Scheiben o.Ä. geschnitten und in der Brühe gegart werden.

Tipp Nudeln vorkochen, dann müssen sie nur aufgewärmt werden und geben nicht so viel Stärke an die Brühe ab.

RINDERBRÜHE MIT STERNANIS UND SOJASAUCE

ca. 4 Stunden

Für 4 Personen

2 *Knoblauchzehen*
2 cm *frischer Ingwer*
1 Bund *Thai-Basilikum*
1 Bund *Koriander*
2 kg *Rindfleischknochen*
3–4 *Sternanis*
1 *Zimtstange*
1 EL *Koriandersamen*
80–100 ml *Sojasauce*
Salz

LF **GF** *Glutenfreie Variante glutenfreie Sojasauce verwenden*

Zubereitung Knoblauch halbieren, Ingwer schälen und grob hacken. Kräuter zupfen, Blätter hacken, Reste für den Fond aufheben.

Knoblauch, Ingwer und Knochen anbraten und mit Wasser aufgießen, Gewürze, Kräuter und Kräuterreste hinzufügen, Sojasauce dazugießen und zugedeckt 3–4 Stunden köcheln lassen.

Abseihen, kaltstellen. Vor der Verwendung Fett abziehen und die Suppe leicht salzen.

Passende Einlagen
- Rindfleisch
- Weizennudeln
- Frühlingszwiebeln
- Lotuswurzeln
- Teigtaschen

Pro Person sollte man ca. 250–300 g Einlagen rechnen, die mundgerecht in Würfel, Scheiben o.Ä. geschnitten und in der Brühe gegart werden.

Tipps Wer einen klaren Pot mit sehr intensivem Geschmack möchte, kann in die kalte entfettete Suppen-Basis ca. 450 g Klärfleisch einrühren und auf kleiner Flamme erhitzen (nicht kochen!). Sobald sich das Rindfleisch zu einem Klumpen verbindet, kann die Suppe vorsichtig durch ein sauberes Tuch abgeseiht werden.

Nudeln vorkochen, dann müssen sie nur aufgewärmt werden und geben nicht so viel Stärke an die Brühe ab.

Desserttipp
20 min

◆ MANGO-GURKEN-MAKI MIT GOJI-CHILI-DIP ◆

Für ca. 4 Rollen

200 g *Gojibeeren*
Chili nach Geschmack
200 ml *Mango-Pulpe*
1 TL *Agar-Agar*
1 *kleine Gurke*
1 *Mango*
1 Pkg. *eckiges Reispapier*
Chia-Samen zum Wälzen

VG **LF** **GF**

Zubereitung Gojibeeren mit Wasser bedecken, aufkochen und pürieren. Mit Chili abschmecken.

Mango-Pulpe mit 100 ml Wasser und Agar-Agar aufkochen und zur Seite stellen.

Gurke und Mango schälen und in lange dünne Streifen schneiden.

Reispapier kurz durch eine Schüssel mit Wasser ziehen und auf eine Makimatte legen. Sobald es nicht mehr bricht, Gurken- und Mangostreifen gleichmäßig auf dem unteren Rand des Reispapiers platzieren, mit Mango-Pulpe beträufeln und mithilfe der Matte verschließen. In Chia-Samen wälzen.

Etwas ruhen lassen. Aufschneiden, mit dem Dip servieren.

Tipp Die mit Agar-Agar angerührte Pulpe kann auch weggelassen werden. Die Pulpe schmeckt meist intensiver als frische Mangos; der Agar-Agar hilft, optisch perfekte Makis zu bekommen.

UND SO GEHT'S

1. Bohnen am Vortag oder mind. 2 Stunden vor Kochbeginn einweichen
2. Muffins backen
3. Bohnen kochen
4. Backed Beans in den Ofen schieben
5. Kartoffeln kochen
6. Kartoffeln fertigstellen und im Topf warm halten
7. Gemüse braten
8. Würstchen, Schinken und Speck braten

TISCH 12

IRISH BREAKFAST

BRAT- ODER SCHUPFKARTOFFELN

GEBRATENES GEMÜSE

BAKED BEANS

WÜRSTCHEN, SCHINKEN UND SPECK

◆ MUFFINS ◆

DESSERTTIPP

IRISH BREAKFAST

Themen wie Kalorienreduktion, Beherrschung des Cholesterinspiegels und Ähnliches sind heute allgegenwärtig. Wir finden, sie sind etwas zu allgegenwärtig. In uns erweckt diese Thematik immer wieder einen gewissen Widerstand. Gesundheit ist das höchste Gut, das wir Menschen haben. Aber kulinarische Askese-Ideologien und Genussfeindlichkeit leisten den Menschen unserer Meinung nach keinen guten Dienst.

Ein wirklich lustversprechendes Kulinarik-Thema ist das irische Frühstück.

Das englische ist allseits bekannt: Speck, Eier, Würste, Tomaten, gebackene Bohnen, Toast und Marmelade. In Irland packt man noch eine ordentliche Portion Blutwurst mit auf den Teller. Sanft gebraten, bis sie etwas krümelig wird und würzig duftet.

Unsere Mutter liebt Irland, und bei unseren Reisen auf die Insel war das Frühstück immer ein Höhepunkt für uns. Dieses Maximum an Geschmack und deftigen Aromen in einem einzigen Essen ist überwältigend. Mit der entsprechenden Freude am Schwelgen wird so ein Frühstück zu einem unvergleichlichen kulinarischen Erlebnis. Ja, das typisch irische Frühstück hat uns sogar ganz grundsätzlich gezeigt, dass Essen ein starkes Erlebnis sein kann.

Leo liebt es bis heute, Freunde mit einem reichhaltigen Frühstück zu verwöhnen. Das darf bei vielen auch gern ein irisches Frühstück sein. In Wien, versteht sich. Seine Freunde schätzen dieses Verwöhnprogramm. Manchmal bringt nichts die Welt so sehr wieder in Ordnung wie dieser ganz besondere Genuss.

35 min

BRAT- ODER SCHUPFKARTOFFELN

Pro Person

150–200 g *kleine Frühkartoffeln*
Salz

Variable Zutaten
Öl zum Frittieren
Olivenöl
Pfeffer
1 *kleine Zwiebel oder* **2** *Frühlingszwiebeln*
3 *Knoblauchzehen*

VG **LF** **GF**

Zubereitung Für Bratkartoffeln gut gewaschene, geviertelte oder geachtelte Kartoffeln mit Schale bei 200 °C je nach Größe ca. 30 Minuten im Ofen braten (ein- bis zweimal wenden).

Für Schupfkartoffeln Kartoffeln gut waschen, halbieren und mit Schale 10 Minuten in Salzwasser kochen. Abseihen, auskühlen lassen. Zwiebel in Ringe schneiden, Knoblauch fein hacken. Öl in einem mit Deckel bedeckten Topf vorheizen. Kartoffeln im Öl zugedeckt braten, dabei den Topf mehrmals kräftig schütteln. Sobald die Kartoffeln an der Schnittfläche goldbraun sind, Zwiebel und 1–2 Minuten später Knoblauch hinzufügen. Mit Salz und Pfeffer abschmecken.

10 min

GEBRATENES GEMÜSE

Pro Person

2 *große Champignons*
Öl oder Butter zum Braten
Salz
Pfeffer
½ Tomate

VEG **VG** *bei Verwendung von Öl zum Braten* **LF** *bei Verwendung von Öl zum Braten* **GF**

Zubereitung Champignons putzen, mit Stiel halbieren oder im Ganzen entstielt ohne Fett bei mittlerer Hitze braten. Nach ca. 2 Minuten, wenn sie eine bräunliche Farbe bekommen haben, etwas Öl oder Butter hinzufügen. Mit Salz und Pfeffer abschmecken.

Tomate entstrunken und in 2 cm dicke Scheiben schneiden oder halbieren. Beidseitig bei mittlerer Hitze in Öl oder Butter braten, mit Salz und Pfeffer würzen.

Tipp Tomaten und Champignons sind die traditionellen Gemüse beim Irish Breakfast. Andere Gemüsesorten wie Zucchini oder Zwiebel passen ebenfalls perfekt.

140 min

BAKED BEANS

Pro Person

80 g *weiße Bohnen*
1 *kleine Zwiebel*
8 *Kirschtomaten*
oder **1** *große gewürfelte Tomate*
Olivenöl zum Braten
1 MS *gemahlene Nelken*
1 *gestrichener* **EL** *Paprika*
1 *gestrichener* **TL** *Senfpulver*
1 *gestrichener* **TL** *Cayenne-Pfeffer*
1 *gestrichener* **EL** *brauner Zucker*
½ Lorbeerblatt
Salz

VG **LF** **GF**

Zubereitung Bohnen über Nacht oder mind. 2 Stunden vor Kochbeginn einweichen. Einweichwasser abgießen. Bohnen ca. 45 Minuten kochen (sie sollten noch bissfest sein).

In der Zwischenzeit Zwiebel schälen, in Ringe schneiden und mit den Tomaten in Olivenöl anbraten. Gewürze hinzugeben, mit Zucker karamellisieren und mit 500 ml Wasser aufgießen.

Sauce mit den gekochten Bohnen in einer Backform gut vermischen. Lorbeer hinzufügen und bei 180 °C 90 Minuten im vorgeheizten Ofen backen. Mit Salz abschmecken.

Tipp Baked Beans sollten mit etwas Restflüssigkeit bzw. Sauce serviert werden. Sollte nach der Backzeit keine Flüssigkeit mehr vorhanden sein, einfach etwas Wasser hinzufügen.

5 min

WÜRSTCHEN, SCHINKEN UND SPECK

Pro Person

insgesamt **150 g** *Rückenspeck, Schinken, Bratwurst, Blutwurst oder White Pudding (irische Wurst aus Fleisch und Haferflocken)*
Butter oder Öl zum Braten

LF *bei Verwendung von Öl* **GF** *bei Verwendung glutenfreier Würste*

Zubereitung Speck und Schinken in dickere Scheiben schneiden. In Butter oder Öl beidseitig knusprig braten.

Bratwurst auf allen Seiten in Butter oder Öl goldbraun braten.

Blutwurst oder White Pudding in dicke Räder schneiden und ebenfalls beidseitig knusprig braten.

Desserttipp
2 Stunden

◆ MUFFINS ◆

Für je 8 Muffins

Für die Grundmasse
Butter und Mehl für die Formen
150 g *Zucker*
3 *Eier*
70 g *kalte Butter*
140 ml *Milch*
200 g *Mehl*
1 TL *Backpulver*
Zesten von **1** *Bio-Zitrone*

Für 8 Blaubeer-Muffins
150–200 g *Blaubeeren*

Für 8 Schoko-Muffins
200 g *Kochschokolade*

✻ VEG

Zubereitung Muffin-Formen buttern und mit Mehl ausstreuen.

Zucker und Eier schaumig schlagen. Butter raspeln oder schneiden und hinzufügen. Milch, Mehl und Backpulver einrühren, Zitronenzesten dazugeben.

Für Blaubeer-Muffins die Teigmasse ca. halbvoll in die vorbereiteten Formen füllen. Blaubeeren gleichmäßig darüber verteilen.

Für Schoko-Muffins Kochschokolade grob raspeln und in die Grundmasse einrühren, Teig in die vorbereiteten Formen füllen.

Bei 180 °C ca. 35 Minuten im vorgeheizten Ofen backen.

Tipp Die Menge der Grundmasse reicht entweder für die angeführte Menge Blaubeeren oder Schokolade. Wer beide Variante machen möchte, nimmt jeweils die Hälfte Beeren und Schokolade.

UND SO GEHT'S

1. Strudel am Vortag zubereiten
2. Topinambur-Chips und Joghurt zubereiten
3. Braten in den Ofen schieben
4. Gemüse für Quinoa und Nudeln vorbereiten
5. Nudeln sehr bissfest kochen, kalt abschrecken und beiseite stellen
6. Wenn der Braten fertig ist, Ofen abschalten, Braten warmstellen
7. Quinoa aufstellen
8. Nudel-Sauce erhitzen
9. Quinoa-Pfanne fertigstellen
10. Nudeln in der heißen Sauce erwärmen

TISCH 13

WINTER

WIRSING-SHIITAKE-BANDNUDELN

TOPINAMBUR-CHIPS

KURKUMA-JOGHURT MIT MEERRETTICH

QUINOA-GEMÜSE-PFANNE MIT SÜSSKARTOFFELN UND MOZZARELLA

GESCHMORTER RINDERBRATEN

◆ **APFEL-BIRNEN-STRUDEL MIT KARDAMOM** ◆

DESSERTTIPP

WINTER

Wenn die Schneedecke alles mit prächtigem Weiß überzieht, gibt es für uns kein Halten mehr. Dann würden wir am liebsten sofort raus aus der Stadt fahren und uns ins Vergnügen stürzen! Wir genießen neben allen Arten von Wintersport auch ausgedehnte Wanderungen durch winterlich verschneite Landschaften.

Uns beeindruckt immer wieder die ganz eigene Art von Stille, die der Winter mit sich bringt. Das war schon in unserer Kindheit so, wenn wir viel Zeit draußen verbrachten, um Iglus und Schneemänner zu bauen. Es gehört auch mit zu den stärksten Erlebnissen, die man haben kann, wenn man mit Skiern unter den Füßen den unberührten Schnee zerteilt und dabei dieses einzigartige *Schschsch*-Geräusch erzeugt.

Andererseits kommt gerade im Winter die unbezähmbare Kraft der Natur besonders stark zum Ausdruck, sie flößt uns Respekt ein. Dem Winter muss man sich mehr als jeder anderen Jahreszeit beugen. Dafür darf man in diesen Monaten auch mal guten Gewissens ausgiebig auf der faulen Haut liegen, es sich auf dem Sofa in der warmen Stube mit einem guten Buch und selbstgemachtem Weihnachtsgebäck bequem machen.

Ein kulinarisches Highlight der Weihnachtszeit ist in Österreich der Karpfen. Wir lieben ihn und bemühen uns sehr, ihn populärer zu machen. Karpfen wird zu Unrecht unterschätzt, er ist einer der vielseitigsten Fische überhaupt.

30 min

WIRSING-SHIITAKE-BANDNUDELN

Pro Person

1 *Karotte*
½ *Lauch*
150 g *Wirsing*
125 g *Shiitake-Pilze*
1 EL *Butter*
1 EL *Mehl*
100 ml *Weißwein*
100 ml *Sahne*
Salz
1 Prise *Muskat*
80 g *Bandnudeln*
3 EL *Olivenöl*

✻ VEG

Zubereitung Gemüse waschen, Karotte schälen, längsseitig halbieren und in schräge Halbmonde schneiden. Lauch in Ringe schneiden, Wirsing entstielen und in ca. 2 cm breite Streifen schneiden. Schiitake entstielen und vierteilen oder in 2 cm breite Streifen schneiden.

Butter in einem Topf zerlassen. Mit Mehl stäuben und mit Weißwein, 100 ml Wasser und Sahne ablöschen. Aufkochen lassen, Gemüse einlegen und mit Salz und Muskat abschmecken.

Nudeln al dente kochen. Mit Olivenöl und Salz gut durchrühren und mit dem Gemüse servieren.

TOPINAMBUR-CHIPS

20 min

Pro Person

1 *Topinambur*
Pflanzenöl zum Frittieren
Salz

VG LF GF

Zubereitung Topinambur waschen und putzen, alle rauen Stellen entfernen. Bio-Topinambur muss nicht geschält werden, konventionellen Topinambur schälen.

Topinambur mit einem Spar-Schäler in breite Streifen „schälen". Topf oder Pfanne ca. 5 cm tief mit Öl füllen, auf mittlerer Hitze erwärmen.

Sobald das Öl heiß ist, Topinambur portionsweise goldbraun frittieren. Auf Küchenpapier abtropfen lassen, mit Salz bestreuen.

Tipp Als Probe, ob das Öl heiß genug ist, ein kleines Topinamburstückchen einlegen: Wenn das Öl nicht aufschäumt, ist es noch zu kalt.

KURKUMA-JOGHURT MIT MEERRETTICH

5 min

Für 1–2 Personen

250 ml *Joghurt*
1 TL *Kurkuma*
1 EL *Olivenöl*
Salz
70 g *frisch geriebener Meerrettich*

VEG GF

Zubereitung Joghurt mit Kurkuma gut verrühren. Mit Olivenöl, Salz und Meerrettich abschmecken.

Tipp Schmeckt auch mit geriebenem schwarzem Rettich sehr gut.

QUINOA-GEMÜSE-PFANNE MIT SÜSSKARTOFFELN UND MOZZARELLA

30 min

Pro Person

100 g *Quinoa*
Salz
300 g *Gemüse nach Wahl, z.B.*
1 *Karotte,* **1** *Stangensellerie,*
1 *Süßkartoffel*
Olivenöl zum Braten
125 g *Mini-Mozzarella*

VEG **VG** *Vegane Variante Mozzarella durch gegrillte Auberginen und/oder getrocknete Tomaten ersetzen* **LF** *Laktosefreie Variante Mozzarella durch gegrillte Auberginen und/oder getrocknete Tomaten ersetzen* **GF**

Zubereitung Quinoa gut abwaschen (wenn es nicht abgewaschen wird, kann Quinoa bitter schmecken). In ca. 200–250 ml kochendem Salzwasser 10 Minuten kochen, dann 5 Minuten ziehen lassen. Auskühlen lassen.

Karotte und Sellerie schälen und grob raffeln. Süßkartoffel schälen, längsseitig vierteilen und in ca. 1–2 cm große Stücke schneiden.

Öl in der Pfanne erhitzen. Süßkartoffeln im Öl ca. 30 Sekunden pro Seite goldbraun braten. Quinoa dazugeben, 1 Minute ziehen lassen, wenden. 1 Minute ziehen lassen, das Gemüse unterrühren.

Mozzarella dazugeben. Pfanne vom Herd nehmen oder, wenn man den Mozzarella leicht geschmolzen haben möchte, alles zusammen weitere 30 Sekunden braten. Mit Salz abschmecken.

Tipps Wer knusprig braten möchte, brät mit Geduld. Wenn man aufgrund der Hitze viel rühren muss, trocknet das Quinoa aus.

Mit frischen Kräutern bestreut servieren.

1,5–2 Stunden

GESCHMORTER RINDERBRATEN

Für 4 Personen

ca. **1,5–2 kg** *Schmorbraten vom Rind*
Salz
Pfeffer
1 *Pastinake*
1 *Karotte*
1 *Bio-Knoblauchknolle*
1 *Bio-Zwiebel*
Olivenöl zum Braten
1 EL *Mehl*
2 EL *Honig*
300 ml *Rotwein*
500 ml *Rindsfond oder Wasser*
100 ml *Sahne*
3 *Lorbeerblätter*
5 *Wachholderbeeren*

GF *Glutenfreie Variante Bratenrückstände nicht mit Mehl stäuben*

Zubereitung Fleisch waschen und trocken tupfen. Leicht mit Salz und Pfeffer würzen.

Gemüse waschen, Bio-Gemüse mit Schale verwenden, konventionelles schälen. Gemüse schräg dritteln. Knoblauch und Zwiebel ungeschält halbieren.

Ofen auf 170 °C vorheizen.

Öl in der Pfanne erhitzen. Fleisch auf allen Seiten „versiegeln" (heiß anbraten). Aus der Pfanne nehmen und in einen Bräter geben. Zur Seite stellen.

Gemüse, Zwiebel und Knoblauch in die Pfanne geben, in der das Fleisch gebraten wurde. Gemeinsam auf dem Herd scharf anrösten. Röstrückstände in der Pfanne mit 1 EL Mehl stäuben, Honig hinzugeben, mit Rotwein und Wasser oder Fond ablöschen und Sahne dazugießen. Lorbeer und Wachholder hinzufügen. Aufkochen lassen und über das Fleisch gießen.

Fleisch in den vorgeheizten Ofen schieben. Wer sein Fleisch rosa möchte, brät 45 Minuten pro kg, wer es klassisch butterweich durch möchte, 60 Minuten pro kg.

Desserttipp
80 min

◆ APFEL-BIRNEN-STRUDEL MIT KARDAMOM ◆

Für 1 Strudel (4–6 Personen)

Für den Teig
300 g *Mehl*
150 g *Wasser*
1 Prise *Salz*
50 ml *Pflanzenöl*

Für die Füllung
2 *Äpfel*
2 *Birnen*
2 cl *Inländerrum oder Rum*
½ TL *gemahlener Kardamom*
2 Prisen *Zimt*
mind. **50 g** *Kristallzucker*
ca. **200–300 g** *Semmelbrösel (je nach Saftigkeit und Größe der Äpfel und Birnen)*

neutrales Pflanzenöl zum Bestreichen
Puderzucker zum Bestreuen nach Wunsch

VG **LF**

Zubereitung Alle Zutaten für den Teig am besten in einem Rührwerk 5 Minuten durchkneten (alternativ ca. 8–10 Minuten von Hand). In Frischhalte-Folie gewickelt oder in einer zugedeckten Rührschüssel ca. 30 Minuten ruhen lassen.

Ofen auf 180 °C vorheizen. Äpfel und Birnen schälen, entkernen und in feine Scheiben hacken. Mit Rum und Gewürzen vermengen, Zucker zugeben. Gut durchkneten, dabei Semmelbrösel zugeben, bis eine homogene Masse entsteht (wenn sie zu feucht ist, reißt der Teig, wenn sie zu trocken wird, schmeckt sie langweilig).

Strudelteig messerrückendünn ausrollen. Füllung ca. 4–5 cm hoch mittig im unteren Teil des ausgerollten Teiges gleichmäßig auflegen. Links, rechts und unterhalb der Füllung sollten noch ca. 3 Fingerbreit Teig ohne Füllung sein.

Teig von den Seiten und dann von unten einklappen. Nach oben hin einrollen und mit der Verschlussseite nach unten auf ein mit Backpapier belegtes Blech legen.

Strudel mit neutralem Pflanzenöl bestreichen und ca. 25–35 Minuten goldbraun backen. Aus dem Ofen nehmen, leicht abkühlen lassen, nach Wunsch mit Puderzucker bestreuen.

Tipp Schmeckt kalt oder warm.

UND SO GEHT'S

1. Schokoladentörtchen backen
2. Huhn in den Ofen schieben
3. Pimientos braten
4. Huhn wenden
5. Couscous zubereiten

TISCH 14

SONNTAG

PIMIENTOS MIT CHAMPIGNONS UND ROSMARIN

ROTE-RÜBEN-COUSCOUS

ZITRONENHUHN MIT GEMÜSE

◆ **WARME SCHOKOLADENTÖRTCHEN** ◆

DESSERTTIPP

SONNTAG

Sonntags gab es bei uns immer dieselben Rituale. Eines davon war ein ganz besonderer Festschmaus: An diesem Tag legte unsere Mutter ihren vollen Ehrgeiz in die Zubereitung der Hauptmahlzeit, es gab Fasan oder ähnliche feine Köstlichkeiten. Sie stellte sich den ganzen Tag in die Küche und kochte ein komplettes Menü für die Familie.

Wir fanden das umso bemerkenswerter, als unsere Eltern die ganze Woche über für die Gäste ihres Restaurants kochten. Wir sind auch nicht so ganz sicher, wie wir heute darüber denken sollen: War für unsere Mutter das aufwändige sonntägliche Mahl ein Luxus, den sie sich selbst bzw. der Familie schuldig zu sein meinte? Oder hat sie auf diese Weise ihr Bedürfnis nach Freiheit ausgelebt, unabhängig von Speisekartenroutine und anderen gastronomischen Beschränkungen kochen zu können?

Uns haben diese sonntäglichen Schwelgereien im Kreis der Familie viel gegeben. Letztlich ist aus diesem Erlebnis später die Idee zu unserem Restaurant entstanden.

PIMIENTOS MIT CHAMPIGNONS UND ROSMARIN

10 min

Pro Person

100 g *Champignons*
150 g *Pimientos de Padrón*
Olivenöl
2 *Rosmarinzweige*
grobes Meersalz

VG **LF** **GF**

Zubereitung Champignons putzen, Pimientos waschen und putzen. Champignons vierteilen.

Olivenöl erhitzen, Pimientos und Champignons einlegen und bei starker Hitze goldbraun braten. Rosmarin-Nadeln kurz mitbraten, Temperatur reduzieren, mit Meersalz würzen.

Tipps Statt grobes kann auch feines Salz verwendet werden, das ist beim Essen angenehmer, da das grobe Salz sich bei dieser Zubereitung nicht auflöst und man beim Essen darauf beißt.

Rosmarin nicht zu stark braten, er wird sonst bitter.

Knoblauch passt sehr gut zu den Pimientos.

Desserttipp
10 min

ROTE-RÜBEN-COUSCOUS

Pro Person

Olivenöl zum Braten
100 g *Couscous*
50–100 ml *Wasser oder Gemüse-Fond (s. Tipp)*
100 ml *Rote-Rüben-Saft*
1 *gekochte Rote Rübe (ca.* **150 g***)*
Salz
einige Stängel *Petersilie*

VG **LF**

Zubereitung Olivenöl erhitzen. Couscous anbraten und mit Wasser oder Gemüse-Fond und Rote-Rüben-Saft aufgießen.

Aufkochen lassen. Flamme abdrehen und zugedeckt ziehen lassen.

Gekochte Rote Rübe in grobe Würfel von ca. 2 x 2 cm Größe schneiden und unter den Couscous rühren. Mit Salz abschmecken. Petersilie hacken und über das fertige Gericht streuen.

Tipp Die Menge an Wasser oder Gemüse-Fond kann man, je nachdem, wie weich man den Couscous möchte, variieren.

1 Stunde

ZITRONENHUHN MIT GEMÜSE

Für 4 Personen

1 Bund *Wurzelgemüse*
(z.B. je **1** *Karotte, Pastinake, Gelbe Rübe)*
1 *Zwiebel*
1 *kleine Knoblauchknolle*
1 *Bio-Zitrone*
1 *Huhn, wahlweise mit Innereien*
frische Kräuter (Thymian, Petersilie oder Rosmarin)
Salz
Pfeffer
30 g *Kristallzucker*

LF **GF**

Zubereitung Gemüse waschen, schälen und längsseitig schräg in grobe Stücke schneiden. Zwiebel – wenn unbehandelt mit, sonst ohne Schale – halbieren. Unbehandelten Knoblauch ebenfalls mit Schale halbieren, konventionellen Knoblauch schälen und die Zehen auslösen. Zitrone in Scheiben schneiden und zur Seite stellen. Huhn waschen und gut trocken tupfen.

Ofen auf 190 °C vorheizen.

Rosmarin und Thymian in Stängeln, Petersilie gehackt mit dem Gemüse und, wenn vorhanden, den Innereien vermischen. Leicht mit Salz und Pfeffer würzen und in einen Bräter geben. Huhn mit der Unterseite nach oben darauf setzen, ebenfalls leicht mit Salz und Pfeffer würzen. Auf beiden Seiten jeweils 25 Minuten braten. Zitronenscheiben mit Zucker einreiben und für die letzten 8 Minuten auf das Huhn legen.

Tipps Die Garzeit kann je nach Gewicht des Huhnes variieren. Um sicher zu gehen, dass das Huhn durch ist, führt man eine so genannte Gelenksprobe durch, indem man beim dicksten Stück (Unterkeule) mit einem Messer einsticht oder die Keule mit der Hand bewegt. Ist das Huhn durchgegart, lässt sich die Unterkeule leicht aus der Gelenkpfanne lösen.

Wer Petersilie verwendet, gibt sie erst nach dem Braten zum Huhn, da die ätherischen Öle sonst beim Garen verloren gehen.

40 min

WARME SCHOKOLADENTÖRTCHEN

Für 6 Küchlein

300 g *Butter*
300 g *Schokolade*
6 *Eier*
6 *Eigelb*
120 g *Zucker*
120 g *Mehl*

✻ **VEG**

Zubereitung Butter und Schokolade getrennt im Wasserbad bei milder Hitze schmelzen. Butter, Eier und Eigelb gut miteinander vermischen. Auskühlen lassen.

Butter-Ei-Masse und Zucker mit der Schokolade vermischen, ganz am Schluss mit einem Schneebesen vorsichtig das Mehl darunterziehen.

10 Minuten vor dem Servieren in 6 kleine Backförmchen füllen und im vorgeheizten Backofen bei 190 °C 8 Minuten backen. Noch warm servieren.

Tipp Alle Zutaten sollten Zimmertemperatur haben.

REGISTER

A

B

C

D

E

F

G

H

I

J

K

L

M

N

O

P

Q

R

S

T

W

Z

RESTAURANT WRENKH

Das Restaurant Wrenkh am Bauernmarkt ist seit 1988 in Familienbesitz. Leo und Karl Wrenkh bieten eine moderne, einfache, aber doch raffinierte Küche für alle und für jeden Tag. Als einer der letzten Wirte im ersten Wiener Gemeindebezirk verbinden die Brüder Wrenkh vegetarische Tradition mit ausgewählten Fisch- und Fleisch-Spezialitäten aus Österreich, ergänzt durch ihre internationale kulinarische Erfahrung. So übersetzen sie z.B. traditionelle japanische Rezepte gekonnt ins zeitgenössische Wienerische, ohne dabei die Authentizität der Gerichte aus den Augen zu verlieren.

Das Ziel der beiden Brüder: mit ihrem Restaurant den Menschen vom Glück erzählen, gemeinsam zu essen.

Restaurant Wrenkh Wiener Kochsalon
Bauernmarkt 10
1010 Wien
www.wiener-kochsalon.com

LEO & KARL WRENKH

Konzept, Rezepte &
Foodstyling

Aufgewachsen sind Leo (rechts) & Karl (links) Wrenkh im ersten vegetarischen Restaurant Wiens, das 1982 vom Vater, Christian Wrenkh, der heute in Hamburg kocht, gegründet wurde. Nach vielen Stationen im Ausland treten die Brüder 2009 in seine Fußstapfen, übernehmen das Restaurant Wiener Kochsalon und verschreiben sich ganz dem Familienmotto: „Essen ist Leben". Was die beiden verbindet, ist die große Liebe zu gutem Essen und die Wertschätzung für qualitative Zutaten. „Das Wichtigste am Kochen", so die Brüder, „ist der Tisch, an dem gemeinsam gegessen wird."

SUSANNE SPIEL
Fotografie & Setstyling

Geboren in Wien, als freie Fotografin mit Liebe zum Detail tätig. Die Leidenschaft für Licht setzt sich auch in ihrer Foodfotografie durch. Sie arbeitet für zahlreiche Werbeagenturen und Magazine national und international.

CHRISTINE LINK
Artdirection

Geb. 1976 im Schwarzwald, aufgewachsen bei Stuttgart. Sie hat an der HfG Schwäbisch Gmünd Kommunikationsdesign studiert, liebt Brezeln und blättert leidenschaftlich gern in Fashion- und Interior-Magazinen. Seit zehn Jahren lebt und arbeitet sie in Wien.

ELSE RIEGER
Lektorat

Geb. 1970 in Salzburg, deutsche Wahlwienerin. Schätzt an Kochbüchern die Herausforderung, Wissen und Handlungsanweisungen bestmöglich in Worte und Bilder zu kleiden.

An erster Stelle möchte ich mich bei meinen Gästen und meinen Mitarbeitern bedanken. Ohne die Treue der Ersteren und den Einsatz der Letzteren wäre dieses Buch nie zustande gekommen.
Danke an meine Eltern für die Liebe zum Essen.
Danke, Sophie, dass Dir mein Essen schmeckt. Der Kürbis ist für Dich!

Leo Wrenkh

Ich freue mich, mich an dieser Stelle bei unseren treuen Gästen bedanken zu können – ohne Sie wären wir nicht dort, wo wir heute stehen.
Leo, vor deiner Kreativität ziehe ich den Hut.
Und last but not least – danke, Remo, du bist die Seele hinter allem, was ich mache!

Karl Wrenkh

IMPRESSUM

Bibliografische Information der Deutschen Nationalbibliothek
Die Deutsche Nationalbibliothek verzeichnet diese Publikation in der Deutschen Nationalbibliografie; detaillierte bibliografische Daten sind im Internet über http://dnb.d-nb.de abrufbar.

1. Auflage

TEXTE, REZEPTE, KOCH & FOODSTYLING: Leo und Karl Wrenkh
FOTOGRAFIE & SETSTYLING: Susanne Spiel, www.susannespiel.com
ARTDIRECTION: Christine Link
LEKTORAT: Else Rieger
PROJEKTLEITUNG BRANDSTÄTTER VERLAG: Stefanie Neuhart
DRUCK: GRASL FairPrint, Bad Vöslau, www.grasl.eu

BILDNACHWEIS: Susanne Spiel
außer 14, 40, 56, 98, 122, 136, 170, 186: Getty Images;
9, 12/13, 15, 26/27, 38/39, 41, 54/55, 57, 68/69, 82/83, 84, 85, 86/87, 99, 110/111, 120/121, 123, 134/135, 137, 148/149, 156/157, 168/169, 171, 184/185, 187: Shutterstock

SCHRIFT: Adobe Caslon , Brandon Grotesque
PAPIER: Munken Print White 15 150gr, 1,5fach Vol

ISBN 978-3-85033-940-7

Christian Brandstätter Verlag
GmbH & Co KG
A-1080 Wien, Wickenburggasse 26
Telefon (+43-1) 512 15 43-0
Telefax (+43-1) 512 15 43-231
E-Mail: info@brandstaetterverlag.com
www.brandstaetterverlag.com

Designed and printed in Austria

Für unsere Umwelt
Klimaneutrale Produktion
Erneuerbare Energie
Nachhaltiges Papier
Pflanzenölfarben

Dieses Produkt entspricht dem Österreichischen Umweltzeichen für schadstoffarme Druckprodukte (UZ 24), UW-Nr. 715
Grasl FairPrint, Bad Vöslau, www.grasl.eu

Klimaneutral gedruckt